Informal Empire

非公式帝国の盛衰

英・アルゼンチン関係史

佐藤 純 著

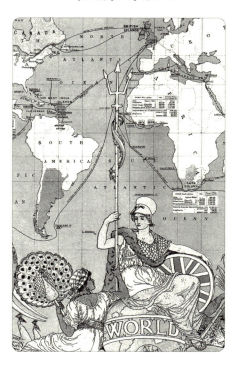

同文舘出版

はじめに

1950 年代初頭，イギリス帝国史家のギャラハーとロビンソンは，一般的にイギリス帝国とされる植民地や自治領＝「公式帝国」（formal empire）は「氷山の一角」にすぎず，海面下には「非公式帝国」（informal empire）と呼ばれる広大な領域が存在すると主張した[1]。彼らの言う「非公式帝国」とは，さしあたり，政治・外交上の独立は保ちつつも，経済面，とりわけ金融面でイギリスに従属していた諸国，具体的にはエジプト，ラテン・アメリカ諸国，中国，そしてペルシャ等を包摂する領域として把握できよう。

イギリスとこれら諸国との経済関係は，対等な主権国間のそれとは異なる。例えば，19 世紀末の中国やエジプトは資本輸入を通して，イギリスに対する金融・経済的従属の様相を深め，最終的にはイギリスやその他列強の軍事的介入を招くこととなった[2]。また，同じ時期のアルゼンチンもイギリス資本に対する従属性を強め，1890 年のベアリング危機（Baring Crisis）の際にはデフォルトを回避するために厳しいデフレ政策の実施を余儀なくされた。

上記の諸事例が示唆するように，イギリスの金融的影響力が「非公式帝国」存立の前提条件となっていたと思われるが，その金融力の源泉は当時の国際金融都市シティ（City of London）の比類なき地位に求めることができよう。シティは「スクエア・マイル」と呼ばれる狭隘な空間であるが，ここにはロスチャイルド商会，ベアリング商会，J. S. モルガン商会（後のモルガン・グレンフェル），シュレーダー商会などのマーチャント・バンク（現在の投資銀行），特定の地域や分野に特化した商社，証券，保険，備船等の様々な事業に従事する会社が軒を並べていた。また，そこにはイギリス国内の通貨・金融市場のみならず，国際金融全般に大きな影響力を持つ「シティの老貴婦人」イングランド銀行が鎮座していた。すなわち，シティは世界最大の商業・金融クラスターであり，商機，資本，情報を求める世界各国の政府関係者や商人たちを引きつける磁場となっていたのである。以上のことを考えると，シティが国際貿易・金融の実務に疎く，近代的な財政・金融制度を備えていなかったヨーロッパ域

i

外の諸国に対して巨大な影響力を有したのは当然のことであった。

　しかし，「非公式帝国」の概念や，それが包摂する領域については，「非公式帝国」論が提起されてから既に 70 年以上の歳月が経っているにもかかわらず，未だ明確な定義が確定されてはいない。それどころか，「非公式帝国」の存在自体を否定する研究も少なからず存在する[3]。これらの研究は，ラテン・アメリカ，特に「非公式帝国」の典型とされたアルゼンチンを事例として取り上げ，同国に対するイギリスの関わり方を，主権国家間で展開されている貿易，ビジネス，投資等の通常の活動から逸脱するものではなかったと論じている。

　確かに，少なくともアルゼンチンに対しては，19 世紀後半から 20 世紀半ばに至るまで，イギリスは示威的な部隊の展開を除けば，実際に軍事力を行使したことはない[4]。また，南アフリカやインドでみられたような，資源や労働力の露骨な搾取の事例も見出すことはできない。イギリスの関与は基本的にビジネス，貿易，投資環境の維持・整備にとどまっており，搾取や暴力を伴わない通常の経済的関係を維持していた。したがって，イギリスのアルゼンチンに対する関与の仕方を，果たして帝国主義的とするべきか否かについては疑問の余地が残る。少なくとも，政治・外交的側面を重視する帝国主義論からすれば，イギリスは「無罪」ということになろう。

　このように，「非公式帝国」をめぐっては未だ論争中であるが，いずれにせよ，同概念をめぐる批判，そして反批判の応酬は，同用語を広く知らしめることとなり，「非公式帝国」研究を活性化させることとなった。また，最近では，「非公式帝国」の概念は，イギリス帝国史のみならず，グローバルな権力関係を検討する上でも（例えば，今日のアメリカの世界的影響力の分析等において），有効な概念として再確認されている[5]。逆説的ではあるが，曖昧だからこそ汎用性が高く，特定の国・地域を専門とする研究者にとって便利な概念になっている。

　実際，これまで様々な国・地域，そして時期を対象とする事例研究が発表されてきた。例えばウィルガスは，日清戦争後の中国に対するイギリスの影響力の拡大に関する研究を発表している[6]。また，中東に関するシルヴァーファー

ブの研究[7]，スペインに関するシャーマンの研究も注目に値しよう[8]。加えて，日清戦争後から第二次世界大戦開戦前夜にかけての日本の中国に対する「非公式支配」を扱った共同研究や[9]，1930年代ドイツの東南欧諸国に対する対外経済政策を，「非公式帝国」の概念を用いて捉えなおした研究も発表されている[10]。さらに，最近では第二次大戦後の日本を，アメリカの「非公式帝国」として捉える注目すべき研究も発表された[11]。このように，「非公式帝国」に関する研究は活況を呈しており，イギリス帝国史のみならず，国際関係史や国際政治経済学の分野においても重要な概念として認知されつつある。

　さて，本書は，「非公式帝国」の典型とされたアルゼンチンに関する事例研究となる。目的は以下の3点となる。

　第一の目的は，アルゼンチンに関する事例研究を積み上げることである。上で紹介したように，「非公式帝国」に関する研究は活況を呈しているが，意外にもその典型とされたアルゼンチンに関する通史的研究は存在しない[12]。しかも，「非公式帝国」概念に基づく研究は，もっぱら19世紀後半から20世紀初頭にかけての時期に限定されており，第一次大戦後の時期に関する研究は少数にとどまっている[13]。しかし，第一次大戦後においても，両国の密接な関係を示唆するような出来事が生じている[14]。1933年の英・アルゼンチン間の通商協定（ロカ・ランシマン協定）の締結，1935年における中央銀行創設時におけるイングランド銀行の関与（アドバイザーの派遣や駐在），第二次大戦中における封鎖ポンドの蓄積，などである。これらのトピックの検討なくしては，アルゼンチンをめぐる「非公式帝国」の議論は説得性を持ちえないであろう。また，第二次大戦期にみられたアルゼンチンの対米経済関係構築の試みについても，「非公式支配」の終焉に至る状況を把握する上で検討する必要がある。本書では，上記のトピックすべてについて検討する。

　第二の目的は，「非公式帝国主義」，あるいは「非公式支配」の実態を動態的に把握することである。これまでの研究は，英・アルゼンチン関係を，主に貿易・決済関係の側面から分析してきた。しかし，本書の第III～V章と補章は，政策担当者間のやり取りに焦点を当てた検討となっている。なお，かかる分析

で重要になるのは，ロビンソンによって展開された「コラボレーター」（col-laborator）の概念であろう[15]。「コラボレーター」とは，イギリスとの関係から「権力の源」（市場や資本等）を引き出し，現地における政治・経済的権力を維持・強化するアクターのことである[16]。さしあたり，アルゼンチンの場合は，大牧場主を中核とする農牧産品輸出に関わる人々と，彼らの利害を代表する政治家や官僚と考えてよいであろう。彼らは見返りとして，イギリスが原則として掲げる自由貿易や外資の流入を受容し，財政・金融，貿易，投資，ビジネス上のルールの順守を求められる。なお，かかる互酬的関係が立ち行かなくなれば，「コラボレーション」機能は円滑に作用しなくなり，「非公式帝国」の存立基盤は脆弱化するであろう。本書では，イギリス側の政策主体のみならず，アルゼンチン側のそれ（「コラボレーター」）にも焦点を当て，両者の交渉とその帰結を追跡している。それにより，時にイギリスの思惑を外れ，主体的に活動するアルゼンチン側の姿が浮き彫りにされるであろう。

　最終的な目的は，「非公式帝国」概念の有効性を論じると同時に，その明確な定義を試みることである。上述のように，本書では政策主体間のやり取りを検討しているが，そこでは，「非公式帝国」論の有効性に疑義を抱かせるような事実が多数示されることとなろう。これらの事実を新たな視角から解釈し，「非公式帝国」論の有効性を改めて主張していきたい。また，先行研究と本書の事例研究を踏まえながら，より普遍的に通用する「非公式帝国」概念を提示したい。

　本書の構成と各章の概要は以下の通りである。
　第Ⅰ章では，第一次大戦前の英・アルゼンチン間の金融・経済関係について検討する。先述のように，イギリスに対するアルゼンチンの貿易・金融上の依存状態を示す事例を多数見出すことが可能なこの時代については，「非公式帝国」論争の格好の舞台となってきた。しかし「非公式帝国」を否定する論者の多くは，特定の事例を取り上げ，それについて英・アルゼンチン二国間の視点から論じている点に問題があると考える。本章では，英・アルゼンチン間の金融・経済関係をグローバルな視点から検討することにより，アルゼンチンのイ

ギリスに対する従属状態を構造的に把握していきたい。

第Ⅱ章では，ロカ・ランシマン協定について検討する。一般的には，同協定によってアルゼンチンは，最低限の食肉輸入量の保証と引き換えに，イギリスの工業製品に対する大幅な関税引き下げを余儀なくされたと解釈されてきた。すなわち，イギリスの視点に立てば，帝国特恵を交渉上の武器とした二国間通商政策の成功例とされてきたのである。このように，先行研究の多くは 1930 年代初頭のイギリス通商政策を産業保護策＝輸出拡大政策として捉えているが，本章では同協定の金融的側面に焦点を当てる。これにより，同協定締結をきっかけに高度化されたアルゼンチンの為替管理体制の実態と，それに吸着したイギリスの金融利害保全の仕組みが明らかにされるであろう。

第Ⅲ章では，1935 年に実行されたアルゼンチンの金融制度改革について検討する。同改革の柱となる中央銀行創設の際，イングランド銀行はアドバイザーを派遣し，「正統な中央銀行」の創設を勧告する報告書と中央銀行関連法案をアルゼンチン政府に提出した。このことから，アルゼンチンの中央銀行はイングランド銀行の思惑に沿う形で創設されたと理解されてきた。しかし実際は，アルゼンチン側の意図に沿った形で中央銀行が創設され，金融制度改革もイギリス側の思惑とは異なる形で実現されたことが明らかにされる。本章では，イングランド銀行の権威を利用しながら，革新的な経済政策を実現していったアルゼンチン側の政策主体のしたたかな姿が浮き彫りにされるであろう。

第Ⅳ章では，第二次大戦期におけるイギリスのアルゼンチンに対する「非公式支配」の実態を明らかにすることが目的となる。結論を先取りして言えば，イングランド銀行主導の通貨・金融外交によって，アルゼンチンが経済面における戦争協力を余儀なくされていった様相が示される。具体的には，封鎖ポンドの蓄積＝「ツケ払い」という形で，アルゼンチンが対英食肉輸出の継続を余儀なくされていった仕組みについて明らかにされる。一方で，封鎖ポンドがアルゼンチン国内の金融・経済にいかなる影響を与えたかについても検討していく。その中で，第Ⅲ章同様，イギリスの思惑を超えたアルゼンチン側の主体的行動が浮き彫りにされるであろう。

第Ⅴ章では，第二次大戦開戦初期に展開されたアルゼンチンの対米経済関係

構築の試みについて検討する。「非公式帝国」に属する国は，少なくとも形式上は政治的独立を保証されていた。したがって，アルゼンチンの政策主体（経済官僚）は，国際情勢の劇的変化，すなわち第二次大戦の勃発や英米覇権の交代という事態を見据え，主体的，かつ積極的な対外政策を展開していった。本章では，かかる「コラボレーター」の動きと，その帰結について検討していく中で，「非公式帝国」終焉の様相を明らかにする。

補章は，著者が共著に発表した論文を加除修正の上収録したものである。ここでは，イングランド銀行総裁モンタギュー・ノーマン（M. Norman）の構想や，ラテン・アメリカにおける金融使節団の活動の実態とその帰結を明らかにしている。特に，エル・サルバドルの金融制度改革に関する事例研究を行っているので，第Ⅲ章で取り上げるアルゼンチンの金融制度改革と比較検討するための素材になると考えている。また，「おわりに」で敷衍する「非公式帝国」論と関連する内容にもなっているので，ご一読いただけると幸いである。

以下，各章のもととなった論文を示す。転載をご許可いただいた学会や出版社には心より謝意を表したい。

・第Ⅰ章

　「第一次大戦前の多角的決済システムとアルゼンチン」『八戸高等専門学校紀要第』50 号，2016 年。

・第Ⅱ章

　「1930 年代イギリスの対アルゼンチン通商政策の展開―為替管理問題の検討を中心として―」『西洋史研究』新輯第 27 号，1998 年。

・第Ⅲ章

　「1930 年代アルゼンチンにおける金融制度改革―周辺国における中央銀行の創設とイングランド銀行の役割―『社会経済史学』73 巻 5 号，2008 年。

・第Ⅳ章

　「第二次大戦期におけるイギリス「非公式帝国」アルゼンチン―「構造的権力」論の再考を通して―」『社会経済史学』83 巻 2 号，2017 年。

・第Ⅴ章

イギリス「非公式帝国」アルゼンチンの解体―1940年代初頭保守連合政権による対米経済関係構築の試み―」『ヨーロッパ文化史研究』（東北学院大学）第6号，2005年。
・補章
「英国金融使節団と両大戦間期の『グローバリゼーション』―1930年代債務危機下ラテン・アメリカにおける中央銀行創設運動―」小原豊志・三瓶弘喜編『西洋近代における分権的統合　その歴史的課題―比較地域統合史研究に向けて―』東北大学出版会，2013年，第8章所収。

これまで多くの図書館や文書館を利用させていただいたが，とりわけイングランド銀行文書館（Bank of England Archive）とイギリス国立公文書館（The National Archives）の史料なくしては，本書が執筆されることはなかったであろう。両文書館のアーキビストに心より感謝申し上げたい。
なお，海外での長期にわたる史料調査の主な資金源となったのは日本学術振興会の科学研究費補助金である。以下，研究種目，助成期間（年度），および研究課題名を記す。

・特別研究員奨励費（2004年度）
アルゼンチン金融史研究―中央銀行創設期の検討を中心として―
・若手研究B（2006〜2007年度）
両大戦間期イングランド銀行による中央銀行創設・改革運動の研究
・若手研究B（2008〜2009年度）
両大戦間期イングランド銀行の対外活動に関する研究―ニーマイヤーの豪州訪問をめぐって―
・若手研究B（2011〜2012年度）
両大戦間期イングランド銀行の対外政策に関する研究―エル・サルバドル準備銀行の創設―
・基盤研究C（2013〜2016年度）
英国「マネー・ドクター」に関する研究―オットー・ニーマイヤー卿と大

vii

不況下の世界─

・基盤研究 C（2017〜2020 年度）

　　両大戦間期におけるイギリスを基軸とする多角的決済システムの解体過程に関する研究

　本書のもととなる論文は，出版をすすめてくださった大阪大学の秋田茂先生をはじめ，多くの先生方の助言を踏まえて書かれたものである。とりわけ，西洋史研究会，東北史学会，社会経済史学会と政治経済学・経済史学会に所属する先生方には，心から感謝の意を表したい。また，学術書としての刊行にお骨折りいただいた同文舘出版の青柳裕之氏と高清水純氏，出版をお認めいただいた中島治久会長，ならびに中島豊彦社長には深く御礼を申し上げたい。なお，本書の出版は東北学院大学学術振興会出版助成によるものである。

注 ....

1　J. Gallagher and R. Robinson, "The Imperialism of Free Trade," *Economic History Review*, Vol. 6, No. 1, August, 1953. 「非公式帝国」論の概要を知るには，平田雅博『イギリス帝国と世界システム』晃洋書房，2000 年，第 5 章と第 6 章が便利である。また，秋田茂『イギリス帝国とアジア国際秩序─ヘゲモニー国家から帝国的な「構造的権力」へ─』名古屋大学出版会，2003 年，序章；同「帝国的な「構造的権力」─イギリス帝国と国際秩序─」山本有造編『帝国の研究─原理・類型・関係─』名古屋大学出版会，2003 年，第 7 章；B. Attard, "Informal Empire: The Origin and Significance of a Key Term," *Modern Intellectual History*, 20, 2023, pp. 1219-1250（https://doi.org/10.1017/S14794432200052X）も併せて参照されたい。

2　第一次世界大戦前における海外投資と，それが引き起こした国難と紛争の歴史については，H. Feis, *Europe, the World Banker, 1870-1914*, Reprints of Economic Classics, Kelly, 1964（柴田匡平訳『帝国主義外交と国際金融 1870-1914』，筑摩書房，1992 年）を参照されたい。

3　「非公式帝国」論を批判した代表的研究として，D. C. M. Platt, "The Imperialism of Free Trade: Some Reservations," *Economic History Review*, Vol. 21, No. 2, August,1968; A. Thompson, "Informal Empire?: An Exploration in the History of Anglo-Argentine Relations, 1810-1914," *Journal of Latin American Studies*, Vol. 24, No. 2, May, 1992 が挙げられる。「オックスフォード帝国史シリーズ」に収録された論文も「非公式帝国」論に懐疑的である（M. Lynn, "British Policy, Trade, and Informal Empire in the Mid-Nineteenth Century," in A. Porter ed.,

The Oxford History of the British Empire: The Nineteenth Century, Oxford University Press, 1999, Chap. 6; A. Knight, "Britain and Latin America," in A. Porter ed., op. cit., Chap. 7)。また，近年ではデイヴィスが「非公式帝国」論に内在する論理的矛盾を指摘している（L. Davis, "The Late Nineteenth-Century British Imperialist: Specification, Qualification, and Controlled Conjectures," in R. E. Dumett ed., *Gentlemanly Capitalism and British Imperialism: The New Debate on Empire*, 2016, Chap. 3)。

4　イギリスは 1806 年と 1807 年にブエノス・アイレスを占領し，また，イギリスとフランスは 1838 年と 1845〜50 年に海上封鎖を行っている（M. W. Doyle, *Empires*, Cornell University Press Doyle, 1986, p. 223.）。

5　A. Jackson, *The British Empire: A Very Short Introduction*, Oxford University Press, 2013, p. 25.

6　H. W. Wilgus, *Sir Claude MacDonald, the Open Door and British Informal Empire in China, 1895-1900*, Routledge, 2019.

7　D. Silverfarb, *Britain's Informal Empire in the Middle East: A Case Study of Iraq, 1929-1941*, Oxford University Press, 1968.

8　N. Sharman, *Britain's Informal Empire in Spain,1830-1950: Free Trade, Protectionism and Military Power*, Palgrave Macmillan, 2021.

9　P. Duus, R. H. Myers, and M.R. Peattle eds., *The Japanese Informal Empire in China, 1895-1937*, Princeton University Press, 1989.

10　W. D. Grenzebach, *Germany's Informal Empire in East-Central Europe: German Economic Policy Toward Yugoslavia and Romania, 1932-1939*, Steiner Verlag, 1988.

11　菅英輝『冷戦と「アメリカの世紀」―アジアにおける「非公式帝国」の秩序形成―』岩波書店，2016 年。

12　管見の限り英・アルゼンチン関係史に関する包括的研究は，R. Gravil, *The Anglo-Argentine Connection, 1900-1939*, Westview Press, 1985; A. Hennessy and J. King eds., *The Land that England Lost: Argentina and Britain, a Special Relationship*, British Academic Press, 1992; D. Rock, *The British in Argentina: Commerce, Settlers & Power, 1800-2000*, Palgrave Macmillan, 2019 しか存在しない。なお，最後のものは，19 世紀初頭から現代に至る英・アルゼンチン関係史を扱っており初の本格的通史となっている。しかし，この著書は「非公式帝国」概念を用いた分析とはなっていない。

13　第一次世界大戦後に関する研究としては，A. Knight, "Latin America," in J. M. Brown and W. M. Roger Luis, *The Oxford History of the British Empire: The Twentieth Century*, Oxford University Press, 1999, Chap. 27, および B. Markham, "The Challenge to 'Informal' Empire: Argentina, Chile and British Policy-Maker in the Immediate Aftermath of the First World War," *The Journal of Imperial and Commonwealth History*, Vol. 45, No. 3, 2017 が挙げられる。両研究は，第一次大戦後において，ラテン・アメリカにおけるイギリスの経済的影響力は決定的に衰

退したと主張している。

14 ケインとホプキンズは，1930 年代においてもイギリスはアルゼンチンに対して一定の影響力を行使したと論じている（P. J. Cain and A. G. Hopkins, *British Imperialism: Crisis and Deconstruction, 1914-1990*, Longman, 1993（木畑洋一・旦祐介訳『ジェントルマン資本主義の帝国 II ―危機と解体 1914-1990―』名古屋大学出版会，1997 年）邦訳第 7 章を参照されたい）。ケインとホプキンズの研究は，イギリス帝国主義の原動力として工業生産力よりも，シティの金融力を重視している。その結果，イギリス帝国史研究が対象とすべき時期と地域は大幅に拡大された。なお，注 3 末尾で紹介したデイヴィスの「非公式帝国」論の批判は，ケインとホプキンズの研究を踏まえた内容となっている（Davis, op. cit.）。

15 「コラボレーター」については，R. Robinson, "Non-European Foundations of European Imperialism: Sketch for a Theory of Collaboration," in E. R. J. Owen, and B. Sutcliffe, eds., *Studies in the Theory of Imperialism*, Longman, 1972, pp. 120-124 を参照されたい。

16 ロビンソンは「コラボレーター」を，様々な社会層に属する人々から成る「集団」（collections of people）としている。しかし，本書で扱ったアルゼンチンの事例が示すように，「コラボレーター」のコアとなる部分は特定の社会層によって占められており，一定の凝集性を有していたと思われる。いずれにせよ，「コラボレーター」とは，自国の社会にヨーロッパ型の考え方や組織が浸透・確立したことにより，「コラボレーション」の一翼を担うようになった人々のことである。もっとも，これらの人々は，全面的に「中心国」に協力しているわけではなく，自国の伝統的政治・社会集団との関係も維持していた（Ibid., pp. 141-142）。

目　次

はじめに　　i

第 I 章　多角的決済システムとアルゼンチン　　I

本章の課題⋯⋯⋯⋯⋯⋯⋯⋯⋯⋯⋯⋯⋯⋯⋯⋯⋯⋯⋯⋯⋯⋯⋯⋯⋯⋯⋯⋯⋯⋯2

1．多角的決済システム⋯⋯⋯⋯⋯⋯⋯⋯⋯⋯⋯⋯⋯⋯⋯⋯⋯⋯⋯⋯⋯⋯⋯⋯3

2．多角的決済システム下のアルゼンチン⋯⋯⋯⋯⋯⋯⋯⋯⋯⋯⋯⋯⋯7

　⑴　貿易の発展　　7

　⑵　イギリスの対アルゼンチン投資　　12

3．「コラボレーター」の役割⋯⋯⋯⋯⋯⋯⋯⋯⋯⋯⋯⋯⋯⋯⋯⋯⋯⋯⋯18

小括⋯⋯⋯⋯⋯⋯⋯⋯⋯⋯⋯⋯⋯⋯⋯⋯⋯⋯⋯⋯⋯⋯⋯⋯⋯⋯⋯⋯⋯⋯⋯⋯21

第 II 章　ロカ・ランシマン協定とイギリス金融利害　　27

本章の課題⋯⋯⋯⋯⋯⋯⋯⋯⋯⋯⋯⋯⋯⋯⋯⋯⋯⋯⋯⋯⋯⋯⋯⋯⋯⋯⋯⋯28

1．為替管理の実施⋯⋯⋯⋯⋯⋯⋯⋯⋯⋯⋯⋯⋯⋯⋯⋯⋯⋯⋯⋯⋯⋯⋯⋯29

2．ロカ・ランシマン協定の締結⋯⋯⋯⋯⋯⋯⋯⋯⋯⋯⋯⋯⋯⋯⋯⋯32

　⑴　1930 年代イギリスの通商政策　　32

　⑵　ロカ・ランシマン協定　　36

3．為替管理体制の高度化⋯⋯⋯⋯⋯⋯⋯⋯⋯⋯⋯⋯⋯⋯⋯⋯⋯⋯⋯40

　⑴　ピネドと為替管理政策　　41

　⑵　封鎖ペソ問題の解決　　42

(3) 輸出部門の再建　45

(4) 公的債務の整理　49

小括⋯⋯⋯⋯⋯⋯⋯⋯⋯⋯⋯⋯⋯⋯⋯⋯⋯⋯⋯⋯⋯⋯⋯⋯⋯⋯⋯⋯⋯⋯⋯⋯⋯54

第Ⅲ章　アルゼンチンの金融制度改革とイングランド銀行　61

本章の課題⋯⋯⋯⋯⋯⋯⋯⋯⋯⋯⋯⋯⋯⋯⋯⋯⋯⋯⋯⋯⋯⋯⋯⋯⋯⋯⋯⋯⋯62

1．中央銀行創設前の金融組織・制度⋯⋯⋯⋯⋯⋯⋯⋯⋯⋯⋯⋯⋯⋯⋯⋯64

(1) 金本位制下の金融組織　64

(2) ニーマイヤー報告書の検討　67

2．中央銀行の成立⋯⋯⋯⋯⋯⋯⋯⋯⋯⋯⋯⋯⋯⋯⋯⋯⋯⋯⋯⋯⋯⋯⋯⋯70

(1) ニーマイヤーの役割　70

(2) 中央銀行の組織と業務　75

　①組織　75

　②業務　77

3．市中銀行改革⋯⋯⋯⋯⋯⋯⋯⋯⋯⋯⋯⋯⋯⋯⋯⋯⋯⋯⋯⋯⋯⋯⋯⋯⋯80

(1) 銀行資本流動化機関　80

(2) 市中銀行の救済　82

(3) 不胎化政策の実施　86

小括⋯⋯⋯⋯⋯⋯⋯⋯⋯⋯⋯⋯⋯⋯⋯⋯⋯⋯⋯⋯⋯⋯⋯⋯⋯⋯⋯⋯⋯⋯⋯88

第Ⅳ章　英・アルゼンチン支払協定と封鎖ポンドの蓄積　95

本章の課題⋯⋯⋯⋯⋯⋯⋯⋯⋯⋯⋯⋯⋯⋯⋯⋯⋯⋯⋯⋯⋯⋯⋯⋯⋯⋯⋯⋯96

1．支払協定の仕組みと意義⋯⋯⋯⋯⋯⋯⋯⋯⋯⋯⋯⋯⋯⋯⋯⋯⋯⋯⋯97

(1) 為替管理の導入　97

(2) 支払協定　98

目　次

2．支払協定の締結と更新 ……………………………………………………… 102
　　(1)　「食肉供給基地」アルゼンチン　　102
　　(2)　支払協定の締結　　104
　　(3)　支払協定の更新　　107
3．封鎖ポンドの蓄積 ………………………………………………………………… 110
　　(1)　封鎖ポンドの位置づけ　　110
　　(2)　封鎖ポンド蓄積の影響　　112
小括 ……………………………………………………………………………………………… 114

第Ⅴ章　コンコルダンシアによる対米接近の試みとその帰結　119

本章の課題 …………………………………………………………………………………… 120
1．第二次世界大戦の勃発 ……………………………………………………… 121
2．対米経済関係構築の試み ………………………………………………… 123
　　(1)　オルティス政権による対米経済関係構築の試み　　123
　　　　①オルティス政権の成立　　123
　　　　②対米通商交渉　　125
　　(2)　カスティーリョ政権による対米経済関係構築の試み　　128
　　　　①ピネド計画　　128
　　　　②対米借款交渉　　130
　　　　③互恵通商協定の締結　　132
3．「コラボレーション」の挫折 ……………………………………………… 136
小括 ……………………………………………………………………………………………… 140

補章　英国金融使節団と大不況下のラテン・アメリカ　147

本章の課題 …………………………………………………………………………………… 148

xiii

1．大不況期のラテン・アメリカ………………………………………149
　⑴　アメリカ資本のラテン・アメリカ進出　　149
　⑵　デフォルトの発生　　153
2．英国金融使節団の活動………………………………………………156
　⑴　現状分析　　156
　⑵　活動の実態　　159
3．エル・サルバドルにおける金融制度改革…………………………161
　⑴　パウエル報告書　　161
　⑵　エル・サルバドル中央準備銀行の成立　　165
　⑶　中央銀行創設における現地政策主体の役割　　169
小括……………………………………………………………………………171

おわりに　　177

索引　　187

第 I 章 多角的決済システムとアルゼンチン

本章の課題

イギリス帝国の全盛期，すなわちヴィクトリア時代の後期において，アルゼンチンは独立国としての地位を維持する南米の豊かな大国であった。しかし，アルゼンチンの貿易・借款におけるイギリスへの従属性は，ある面ではインドや自治領をしのぐほど強いものであった。また，長期的な視点に立てば，イギリスとの関係は，アルゼンチンの貿易を周辺国特有のアンバランスなものへと変形させ，自立的な国民経済の形成を阻害する影響を持ったと考えられる。したがって，この時期のアルゼンチンは，イギリス人移民によって建国された自治領諸国，イギリスによる軍事的侵略や植民地支配を被ることで主権を失った植民地諸国，これらの「公式帝国」とは区別されるものの，同国の金融・経済的支配下にあった領域＝「非公式帝国」とされてきたのである[1]。

ところで，アルゼンチンを「非公式帝国」と捉えるか否かについて，1990年代初頭にトンプソンとホプキンズとの間で論争が展開されている[2]。争点は，イギリスのアルゼンチンに対する経済的関わりと「コラボレーター」の役割をいかに評価するかという点に集約できる。トンプソンは両国間の関係はビジネス的関係を逸脱するものではなく，利益配分もイギリスに偏ってはいない（アルゼンチンも利益を得ていた），また，「コラボレーター」はあくまでも自己の利益を推進したにすぎないとし，「非公式帝国」論を全面的に否定している[3]。

だが，トンプソンの議論は，特定のトピックと視点から英・アルゼンチン関係を論じている点で説得力に欠けると考える。例えば，20世紀初頭における米国食肉加工会社のアルゼンチン進出を，トンプソンは「非公式支配」を否定する事例として捉えているが，ホプキンズは，アルゼンチンの世界市場向け食肉輸出を増加させ，イギリスに対する利子・配当支払いを着実に履行することを可能にしたという点で，「非公式支配」の強化を示す事例として捉えている[4]。この例は，より広い視点から英・アルゼンチン関係を検討することが必要であることを示唆している。

そこで本章では，イギリスを基軸とする多角的決済システムとの関連で英・

アルゼンチン関係を捉えていきたい[5]。結論を先取りすれば，同システムにおいて，アルゼンチンが一定の役割を果たしていたことが明らかにされるであろう。すなわち，政治的独立性を保ちつつも，植民地や自治領諸国同様，アルゼンチンもイギリス帝国の重要な構成要素であったことが示されることになる。

　本章の構成は以下の通りである。1では，先行研究に基づき多角的決済システムを概観する。2では，多角的決済システムにおけるアルゼンチンの位置づけを明らかにする。3では，多角的決済システムとアルゼンチンの議論を踏まえ，「コラボレーター」の役割について論じたい。

1. 多角的決済システム

　1870年頃に形成され始めたイギリスを基軸とするグローバルな貿易ネットワーク＝多角的貿易システムは[6]，20世紀初頭にその完成をみることとなった。ヒルガートは同システムの形成について以下のように記している。

　「多角的貿易システムは，あたかも扇が広がるように数十年の時間をかけて発展していった。時間とともにシステムに取り込まれる国は増えていき，一定の秩序の下でシステムに配列されていった。すなわち，債務諸国から債権国イギリスへと向かう資金の流れに沿って配置されていき，これらの国とイギリスとの距離はますます遠ざかっていった。多角的貿易システムは近代経済の発展に重要な役割を果たした。このシステムは，まさに近代経済の発展が開始した1870年頃に出現し，同システムが形を整えた20世紀初頭において，国際経済は円熟の極みに達したのである。その後，多角的貿易システムは規模を拡大し，1930年代までその型を維持していく。」[7]

　この「貿易収支の連鎖」から成るシステムは，商品の国際的流通に関与しているだけでなく，債務国から債権国，とりわけ最大の債権国であるイギリスへの利子・配当支払いを媒介するという「二重の役割」を果たしていた[8]。このシステムにおいて，イギリスは連鎖の最後尾に位置しており，インドを例外とするほぼすべての国に対して貿易赤字の関係にあった。イギリスの貿易赤字は19世紀末葉から20世紀初頭にかけて急拡大していくが，まさにこれこそが，

同システムが順調に拡大していたことを示していた。というのも，イギリスは貿易赤字を通して，海外投資収益を迂回的に回収していたからである。**図表Ⅰ-1**は，イギリスの国際収支構造を示している。イギリスの貿易収支赤字が拡大する一方で，海外投資収益が増大していることが確認できよう。20世紀初頭には1億ポンドを超えているが，これは新規海外投資を十分に賄うほどの額であった。

　さて，このシステムの土台となっていたのは植民地インドであった。イギリスはインドの綿工業の発展を法的に規制し，各種一次産品を輸出する「マルチ・モノカルチャー経済」へと再編した[9]。この結果，20世紀初頭において，インドは綿花，ジュート，米，小麦，インディゴ，茶，皮革，油糧種子等の世界的需要がある産品を大量に生産し，巨額の貿易黒字を稼ぎ出す国となっていた。インドはこれら産品を，イギリスが輸入超過の関係にあったアメリカやヨーロッパ工業諸国に輸出することで外貨を稼ぎ，鉄鋼，機械，毛織物等の工業製品の輸入によって生じたイギリスに対する貿易赤字を決済した。**図表Ⅰ-2**で示した「ソウル・モデル」において，インドからイギリスへと向かう6,000万ポンドの資金の流れが確認できるが，このうち4,000万ポンドは，この「強制された貿易黒字」から生み出された資金だったのである。

図表Ⅰ-1……イギリスの経常収支と新規海外投資

（単位：100万ポンド）

年 (5ヵ年 平均)	輸出	輸入	貿易 収支	海外 投資 収益	その他 貿易外 収支	貿易外 収支	経常 収支	新規 海外 投資
1870–74	+293	−318	−25	+45	+60	+105	+78	−71
1875–79	+258	−345	−87	+56	+62	+118	+30	−32
1880–84	+303	−375	−72	+62	+67	+129	+55	−62
1885–89	+290	−349	−59	+79	+62	+141	+80	−90
1890–94	+300	−385	−85	+94	+62	+156	+70	−59
1895–99	+305	−417	−111	+98	+58	+156	+44	−76
1900–04	+358	−496	−138	+109	+67	+176	+34	−72
1905–09	+463	−566	−102	+142	+96	+238	+133	−131
1910–14	+574	−668	−93	+185	+101	+286	+190	−198

出所：尾上修悟『イギリス資本輸出と帝国経済』ミネルヴァ書房，1996年，19頁より作成。

第Ⅰ章　多角的決済システムとアルゼンチン

　残りの2,000万ポンドは，インド軍経費，インド統治に必要な高等文官の給与，備品購入費，さらに鉄道建設に伴う利子保障などの経費から構成される「本国費」（home charges）である[10]。サンダーランドによると，1879/80～1925/26年において，累計で9億ポンドもの本国費が徴収された[11]。本国費はインド省手形（Council Bill）を用いて送金されたが，その額は，インドの財政支出の4分の1を占めていたという[12]。なお，インド省手形は上述の「強制された貿易黒字」によるルピー相場の騰貴（それはインドのポンド建て債務の目減りを意味する）を抑えるための為替操作にも使用された[13]。また，1906年以降，インド省手形は金とともにインドの「金本位準備」となり，イギリスに有利な金為替本位制の基盤となっていく[14]。

　さて，「本国費」と「強制された貿易黒字」を合わせると，イギリスの経常

図表Ⅰ-2……多角的決済システム（1914年）

（単位：100万ポンド）

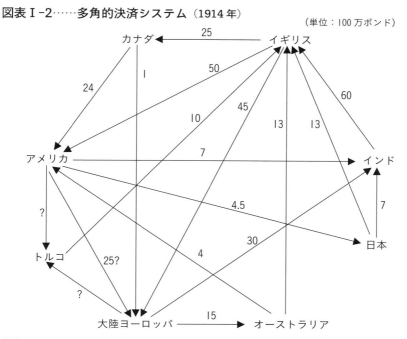

出所：S. B. Saul, *Studies in British Overseas Trade*, Liverpool University Press, 1960（久保田英夫訳『イギリス海外貿易の研究』文眞堂，2004年（第8刷））81頁より作成。

5

収支赤字の5分の2以上に相当する規模になる。インドは複雑な金融的操作によって，長期間にわたり搾取され続けていたといえよう[15]。イギリスはインドを国際収支上の「最大の安定要因」としながら，歴史上比類ない規模の海外投資を実行していたのである。まさに，インドは多角的決済システムの「鍵」であり，「シティ金融資本の窮極的な拠り所」であった[16]。

イギリスの自治領であったオーストラリアや，そして日本も，インドほどではないが，イギリスへと向かう資金の流れに貢献していた。**図表Ⅰ-2**では，それぞれ年間1,300万ポンドとなっているが，この大部分は利子・配当支払いによるものであった。日本はアメリカや近隣アジア諸国に対する貿易黒字によって，インド等に対する赤字を決済しつつ，イギリスに対する利子・配当支払いを行っていた。また，オーストラリアも同じように，アメリカ等に対する貿易赤字を，ヨーロッパ工業諸国に対する貿易黒字によって決済しつつ，イギリスに対する利子・配当支払いを行っていた。いずれの国も，多角的貿易システムを利用することで国際収支の均衡を達成していたのである。イギリスの視点，すなわち投資収益の回収という観点からみれば，インドを経由するトランスファー・ルート（資金移転経路）は「基幹ルート」，オーストラリアや日本を経由するものは「副次的ルート」となっていた[17]。

他方で，多角的貿易システムは一種の国際公共財としての側面も有しており，上記の資金移転に直接関係していない国，すなわち債権国，債務国，いずれにも明確に分類できない国に対しても経済的利益をもたらした[18]。たとえばデンマークは，飼料と肥料を輸入し，イギリスをはじめとする近隣工業諸国で急速に需要が高まっていた各種畜産品を製造していた[19]。かかる輸出志向型の経済構造を速やかに確立することによって，デンマークは目覚ましい経済成長を遂げたのである。一方，多角的決済システムにおいて明確な位置を占めていなかった東南ヨーロッパ諸国は，20世紀半ばに至るまで人口稠密な貧しい農業国の地位にとどまることとなった[20]。

ところで，19世紀末葉から20世紀初頭の時期は国際金本位制が円滑に機能した時代とされている。金本位制とは各国が通貨発行量の一定割合の金準備を保有し，自国通貨と金の固定相場を維持するシステムである。しかし，金の生

産量の多寡という偶然の要素に左右される国際通貨体制は，不安定さが内在する国際通貨システムといえよう。それでも，国際金本位制が安定的に機能していた理由は，イギリスが多角的決済システムを通じて海外に放出したポンドが，金に代わる役割を果たしていたからである。国際通貨体制の安定をもたらすのは交換性を備えた強力な基軸通貨の存在である[21]。当時のポンドは，金とあらゆる通貨との安定的交換が可能な万能の通貨＝基軸通貨であった。すなわち，国際金本位制とはポンド体制に他ならなかったのである。

2. 多角的決済システム下のアルゼンチン

　本節では，多角的決済システム下におけるアルゼンチンの貿易の発展と，同国に対するイギリスの投資についてみていく。

⑴ 貿易の発展

　以上，多角的決済システムについて素描してきたが，「非公式帝国」の典型とされたアルゼンチンは，このシステムにおいていかなる役割を果たしていたのだろうか。本節ではまず，多角的決済システムにおけるアルゼンチンの役割を，輸出品目および貿易相手国を分析していく中で明らかにしていきたい。

　さて，19世紀初頭におけるアルゼンチンの主な輸出品は，皮革，干肉，獣脂蝋（tallow）であり，特に干肉はブラジルや西インド諸島の奴隷用食品として大きな需要があったという[22]。また，19世紀半ばには羊毛輸出が開始され，フランス，ベルギー，そしてドイツにおける需要の拡大によって，1880年代には最も重要な輸出品目となった。しかし，上記すべての品目は1890年代に小麦，トウモロコシ，そして亜麻仁の生産が開始されることにより，輸出品としての重要性を失うこととなる。

　イギリスの外交領事報告書は，アルゼンチンのパンパ（大草原地帯）が，いかに穀物生産に適しているかを以下のように記している。

　「（中央パンパは）その驚異的に肥沃な土壌，温暖な気候，適切な降雨，灌漑に利用するための河川や沼沢の存在ゆえに穀倉地帯として知られている。（中

略）……この土地は耕作しやすく，水分も十分に含んでおり，いかなる種類の穀物の栽培にも適している。」[23]

　この記述にみられるように，アルゼンチンはパンパの存在によって世界有数の穀倉庫となる潜在性を秘めた国であった。ダーウィンによると[24]，同地域には移民の波が押し寄せ，1880 年から 1913 年の間にアルゼンチンの人口は 4 倍に増え 800 万人に達したという。また，ブエノス・アイレス郊外はラテン・アメリカで最も鉄道網が整備された地域であった。その結果，同じ時期において，アルゼンチンの穀物生産量は 40 倍に増え，1913 年には世界最大のトウモ

図表Ⅰ-3……**食肉とその他畜産品の輸出量**

（単位：トン）

年	冷凍牛肉	冷蔵牛肉	冷凍羊肉	缶詰肉	塩漬・乾燥肉	冷凍くず肉
1899	9,079	0	56,627	1,816	19,164	922
1900	24,590	0	56,412	1,405	16,449	1,089
1901	44,904	0	63,013	946	24,296	1,410
1902	70,018	0	80,073	1,644	22,304	2,520
1903	81,520	0	78,149	3,742	12,991	3,138
1904	97,744	0	88,616	2,429	11,726	4,189
1905	152,857	0	78,351	2,488	25,288	5,482
1906	153,809	0	67,388	1,259	4,650	6,158
1907	138,222	0	69,785	1,595	10,649	6,926
1908	174,563	6,252	78,846	1,727	6,666	11,391
1909	209,435	1,222	66,495	6,390	11,622	9,988
1910	245,267	8,441	75,102	12,082	9,442	11,102
1911	297,738	15,096	85,916	15,413	12,120	14,567
1912	317,620	25,231	70,175	17,699	8,824	15,661
1913	332,054	34,175	45,928	12,574	3,910	14,005
1914	328,278	40,690	58,688	13,087	2,383	15,890
1915	351,036	11,703	35,035	31,944	213	11,158
1916	411,547	16,153	51,318	44,569	1,120	17,871
1917	355,842	38,995	39,820	100,784	7,613	13,590
1918	494,070	1,545	50,415	191,000	2,779	21,144

出所：E. Tornquist & Co. Limited, *The Economic Development of the Argentine Republic in the Last Fifty Years*, Buenos Aires, 1919, p. 167 より作成。

ロコシ輸出国になっていた。

　並行して，アルゼンチンは世界的食肉輸出国としての地位も確立していった。1882年，ブエノス・アイレスでイギリス向け食肉の冷凍加工工場が初めて建設されたが，その後，冷凍牛肉（frozen beef）の輸出が本格化する[25]。加えて，1908年には，イギリス人の嗜好に合致した冷蔵牛肉（chilled beef）の輸出が開始され，冷凍・冷蔵牛肉は第二次世界大戦後に至るまでイギリスに対する主要輸出品であり続けた[26]。図表Ⅰ-3からは，20世紀初頭を境に冷凍・冷蔵牛肉の輸出量が著しく拡大していることが明確に確認できる。

　さて，図表Ⅰ-4で示したようにアルゼンチンは，第一次大戦前夜までに，小麦，トウモロコシ，そして亜麻仁などの穀物と，冷凍・冷蔵牛肉，そして羊肉などの食肉，この2つを両輪とする強力な輸出部門を擁するに至る。この時期，中南米諸国の中で，輸出品目の多様性においてアルゼンチンに匹敵する国は存在しなかったという[27]。かかる輸出品目の多様性ゆえに，アルゼンチンはヨーロッパ諸国のみならず，近隣諸国をも貿易相手国に加えることが可能となり，世界有数の農牧産品輸出国へと成長していくこととなる。

　アルゼンチンにとって，最も重要な貿易相手国はイギリスであった。1880年代，アルゼンチンはイギリスから食料品，鉄道資材，繊維・鉄製品など，多

図表Ⅰ-4……輸出品構成（1911-1914年平均）

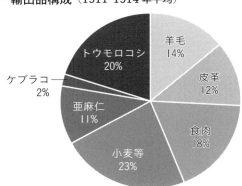

出所：Díaz-Alejandro, op. cit., p.5 より作成。

様かつ高価格の製品を輸入していた一方で，輸出していたのは生きた羊，乾燥肉，羊毛，皮革など安価な産品であった。この結果，輸出総額に占めるイギリスの割合は，わずか10%程度であったのに対し，輸入総額に占める割合は40%近くにも達していた。

しかし，2大輸出部門（穀物と食肉）を確立したアルゼンチンは，20世紀初頭からイギリスに対する黒字を急拡大させ，貿易総額に占めるイギリスの割合は30%程度となった。**図表Ⅰ-5**をみると，20世紀の初頭からイギリスに対する輸出額が輸入額を大幅に上回るようになり，それに伴い黒字幅が着実に拡大していることがわかる。

イギリスのみならずフランス，ベルギー，そしてブラジルもアルゼンチンにとって重要な貿易相手国となった。フランスとベルギーに対しては，羊毛が主

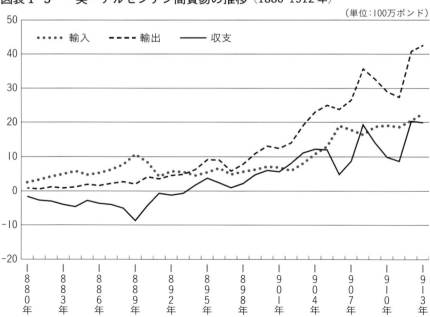

図表Ⅰ-5……英・アルゼンチン間貿易の推移（1880-1912年）

出所：Platt, op. cit., Appendixes より作成。

10

要な輸出品であった 1880 年代から貿易黒字の関係にあったが，穀物輸出が増えるにつれ，ブラジルに対しても貿易黒字となった。**図表 I -6** が示すように，1910 年になるとアルゼンチンのブラジルに対する貿易黒字は，ベルギーには及ばないものの，フランスのそれを超える規模となった。

　一方，急速な工業化の途上にあったアメリカとドイツに対する貿易赤字は拡大していった。特にアメリカは 19 世紀末期に製造品の純輸出国となり[28]，鉄，鉄鋼，金属製品，機械類などの輸出を急拡大させていく。これらの製品の主な輸出先は，カナダ，オセアニア，アルゼンチンなどの温帯諸国から構成されるいわゆる「新入植地域」であった[29]。1910 年のアルゼンチンのアメリカに対する貿易赤字は 460 万ポンドを超えた。また，ドイツからも鉄鋼資材，発電機，電気ケーブル，調理器具等を輸入した結果，ドイツに対する貿易赤字は約 320 万ポンドとなった。

　アルゼンチンの貿易構造を総括しておこう。まず，1880 年代においては，アルゼンチンはイギリスに対する赤字をフランス，ベルギー，チリ，そしてド

図表 I -6……アルゼンチンの貿易（相手国別）（1910 年）

（単位：ポンド）

	輸出	輸入	収支
イギリス	29,000,000	19,100,000	9,900,000
フランス	7,552,300	6,730,100	822,200
ベルギー	6,096,200	3,919,800	2,176,400
ドイツ	9,011,000	12,225,800	−3,214,800
スペイン	574,000	2,182,200	−1,608,200
イタリア	2,095,000	6,355,200	−4,260,200
オランダ	860,100	503,400	356,700
オーストリア = ハンガリー	373,500	693,200	−319,700
アメリカ	5,064,700	9,683,800	−4,619,100
ブラジル	3,508,400	1,820,700	1,687,700
ウルグアイ	306,800	452,500	−145,700
チリ	541,300	96,300	445,000
南アフリカ	67,500	12,900	54,600

出所：*Diplomatic and Consular Reports, Argentine Republic*, London, 1912, p.58, および Platt, op. cit., Appendixes より作成。

イツとの貿易黒字によって決済していた。しかし，1900年以降になると，アルゼンチンはアメリカとドイツに対する貿易赤字を拡大させていくこととなる。一方で，アルゼンチンは多様な輸出品を武器に，イギリス，フランス，ベルギー，そしてブラジルなどに対する輸出を拡大し，20世紀初頭には安定的に黒字を稼得することが可能となった。かくして大戦前夜のアルゼンチン貿易は，アメリカとドイツに対する赤字をヨーロッパや近隣諸国に対する黒字で決済するという基本的構造を確立するに至った。

⑵　イギリスの対アルゼンチン投資 ………………………………………………

　以上でみてきたように，アルゼンチンは多様な農牧産品をバランスよく，かつ多角的に輸出することにより安定的に外貨収入を得ることが可能となった。すなわち，アルゼンチンは，いずれかの農牧産品の生産量が落ち込んでも，他の品目でカバーすることが可能な強靭な輸出部門を構築することに成功したのである。その結果，19世紀末葉から20世紀初頭にかけて，アルゼンチンは史上稀にみる高度経済成長を経験する。数値で確認すると，1860年代初頭から第一次大戦前夜において，実質GDPの年平均成長率は最低でも推計5%の水準にあった[30]。また，1人当たりの所得の絶対額は，イギリス，アメリカには及ばないものの，ほぼフランス並みであり，旧宗主国スペインや開発途上諸国の水準を大きく上回っていたという[31]。

　一方，経済成長と歩調を合わせ，イギリスの対アルゼンチン投資も拡大していった。イギリスの投資は主にインフラ部門（鉄道，電気，ガス，水道，港湾等）に集中していたが，金融業に対する英系海外銀行の進出も目覚ましかった[32]。現地事情に通じたこれらの銀行は，貿易金融を主な業務としつつも，リスクの高い地方の事業や州・市債に対する投資も行っており，マーチャント・バンクが手をつけていない分野で巨額の利益を上げていた。例えば，ロンドン・アンド・リバー・プレート・バンク（London and River Plate Bank）は，現地銀行を買収することで急成長を遂げ，1913年には資産規模では世界最大，時価総額では香港上海銀行に次いで2位の英系海外銀行となっていた[33]。小売の分野でもハロッズ（Harrods）がブエノス・アイレスに進出しており，イギ

リス資本はあらゆるビジネスに浸透していたといえる。

　ところで，対アルゼンチン投資で著名な銀行は，シティの老舗マーチャント・バンクとして名をはせたベアリング商会であろう[34]。同商会は，既に 1824年にはブエノス・アイレス州債を引き受けており，独立してから間もないアルゼンチンの財政・金融制度の近代化に大きな役割を果たした[35]。図表Ⅰ-7 をみると，中央政府（アルゼンチン政府）の 1884 年，1886 年，1887 年における大口の公債については，ベアリング商会が発行銀行となっていることが確認できる。特に 1897 年の借換債の発行額は額面で 520 万ポンド以上であり，発行銀行はベアリング商会一行となっている。その他同行は，ブエノス・アイレス州債とブエノス・アイレス市債も，単独で各々 200 万ポンド引き受けている。アルゼンチンの国家財政・金融は，同商会なくしては立ち行かない状況であった。

　しかし，アルゼンチンにおいては，植民地インドや自治領諸国とは異なり，他の列強資本も積極的な進出をみせた。1880 年代になると，年 4〜5％ にも上るアルゼンチン政府債の利回りと鉄道会社の高率の配当利回りに引きつけられ[36]，フランスやドイツの巨大銀行がアルゼンチン投資に参入するようになる。このことは，図表Ⅰ-7 をみると確認できよう。なお，図中の「銀行」覧の括弧内の記号は発行市場を示している（L＝ロンドン，P＝パリ，B＝ベルリン，A＝アムステルダム）。これらをみると，発行市場は圧倒的にロンドン・シティであったことがみてとれる。

　ちなみに，図表Ⅰ-7 には独仏の銀行が多数出てくるが，ロスチャイルド商会の名を見出すことはできない。一方，ブラジル公債の発行については，もっぱらロスチャイルド商会が引受銀行となっており，ベアリング商会は関わっていなかった。ロスチャイルド商会は，ブラジルがポルトガルから独立した直後に巨額の借款を行っており（1824 年と 1825 年），それ以降，同行はブラジルの公債発行を一手に引き受けていた[37]。このように，ラテン・アメリカにおいてはベアリング商会とロスチャイルド商会による棲み分けがみられた。なお，ウルグアイはベアリング商会の，チリはロスチャイルド商会の縄張りであった。

　さて，イギリスの対アルゼンチン投資残高は，1880 年の 2,040 万ポンドか

図表 I-7……アルゼンチンに対する借款（1880-1890 年）

発行体	発行年	額面価格 （1千ポンド）	利率	発行 価格	目的	銀行
アルゼンチン政府	1881	2,450	6.0	91	鉄道	Paris/Bas;Comptoir d'Escompte(P); Murieta(L)
	1882	817	6.0	90	鉱山	Paris/Bas;Comptoir d'Escompte(P)
	1882	2,240	5.0	90	借換	不明
	1884	1,714	5.0	84	国立銀行	Barings(L);Paris/Bas;Comptoir(P)
	1884	800	5.0	81	港湾	Paris/Bas;Comptoir;Cahen(P)
	1886	8,290	5.0	80/85	港湾・鉄道	Barings;Morgan(L);Paris/Bas;Comptoir; Société Général(P)
	1887	3,968	5.0	91/97	鉄道	Murrieta(L)
	1887	2,017	5.0	90	国立銀行	Disconto;Norddeutsche;Oppenhaim(B, A)
	1887	624	4.5	par	借換	Murrieta(L)
	1887	5,263	4.5	87	借換	Barings(L)
	1889	5,290		90	借換	Deutsche;Diskonto(B);Murieta; Barings(L);Heine;Comptoir(P)
	1889	2,750	3.5	par	借換	Stern(L)
	1890	3,000	5.0	不明	鉄道	Cahen;Comptoir(P);Diskonto(B)
ブエノス・アイレス州	1881	300	6.0	不明	港湾	Stern(L)
	1882	2,049	6.0	92	州立銀行	Barings(L)
	1883	2,065	6.5	不明	鉄道	Morton,Rose(L)
	1883	2,254	6.0	94	ラプラタ市 （州都）	Morton,Rose(L);Société Général; Comptoir;Paris/Bas(P)
	1884	2,000	5.0	不明	鉄道	Morton,Rose(L);Mendelsohn(B)
	1886	2,502	5.0	80	州立銀行	Deutsche;Diskonto(B);Mendelshon(B)
	1886	2,040	5.0	92	州立銀行	Barings(L)
	1887	400	6.0	不明	鉄道	Morton,Rose(L)
	1888	1,000	6.0	不明	鉄道	Morton,Rose(L)
カタマルカ州	1888	600	6.0	95	州立銀行	Banque Parisienne(P)
コルドバ州	1886	595	6.0	89	公共事業	Morton,Rose(L)
	1887	1,190	6.0	91/92	州立銀行	Morton,Rose(L)
	1888	2,000	5.0	96	州立銀行	Société Général(P);Deutsche(B)
コリエンテス州	1889	1,000	6.0	92	州立銀行	Société Général(P)
エントレ・リオス州	1885	1,530	6.0	不明	鉄道	Murrieta(L)
	1886	800	6.0	91	借換	Murrieta(L)
	1887	1,200	不明	97	州立銀行	Murrieta(L)
	1888	1,745	6.0	不明	鉄道	Murrieta(L)
メンドサ州	1888	992	6.0	不明	州立銀行	Cahen(P)
サン・フアン州	1888	400	6.0	92	州立銀行	Cohen(L)
サン・ルイス州	1889	150	6.0	92	州立銀行	Cahen;Heine(P)
サンタ・フェ州	1883	1,434	6.0	90	鉄道	Murrieta(L)
	1884	1,079	5.0	不明	鉄道	Murrieta(L)
	1887	2,190	5.0	84/86	鉄道	Murrieta(L)
	1888	390	6.0	90	州立銀行	Morton,Rose(L)
ツクマン州	1888	600	6.0	92	州立銀行	Cahen;Heine(P)
ブエノス・アイレス市	1888	1,326	6.0	par	公共事業	Cohen(L)
	1889	1,984	4.5	86	公共事業	Barings(L)
コルドバ市	1887	198	6.0	95	公共事業	Heinemann(L)(P)
	1889	595	6.0	98	公共事業	Heinemann(L)(P)
パラナ市	1889	212	5.0	92	水道	River Plate Trust(L)
	1889	198	6.0	95	公共事業	Morton,Rose(L)
ロサリオ市	1887	198	6.0	par	不明	Heinemann(L)(P)
	1888	992	6.0	103	公共事業	Heinemann(L)(P)
	1888	297	6.0	不明	公共事業	Hambros(L)
サンタフェ市	1889	257	6.0	95	公共事業	Heinemann(L)(P)

出所：Marichal, op. cit., 1989, pp. 247-248 より作成。

ら，1890 年には約 1 億 7,000 万ポンドへと急拡大を遂げた[38]。しかし，1890年 11 月に発生したベアリング危機により，アルゼンチンの新規対外借款は停止した。その後，約 10 年間にわたりアルゼンチン政府は緊縮政策を忠実に遂行していった[39]。1891 年から 1900 年までの期間において，アルゼンチン政府は総額約 1 億 6,000 万金ペソにも及ぶ返済を行ったが，これは同時期におけるアルゼンチンの輸出所得の 80% 以上に匹敵する額であった。なお，債務返済と並行して，地方債務の中央政府への移転や財政・金融制度の健全化も図られた。

一方，1880 年代の投資により鉄道や港湾などのインフラが整備され[40]，それは 1890 年代以降の輸出増に帰結した。**図表 I-8** は，鉄道敷設距離と貿易額の相関関係を示している。まずは，1890〜1913 年において，鉄道敷設距離は 1 万キロから 3 万キロへと急激に拡張している。一方，それから少し遅れる形で貿易額の拡大が始まっている。すなわち，20 世紀初頭から 1913 年にかけて貿易量は倍増している。特に輸出額が拡大し，20 世紀に入ると巨額の貿易黒字を記録する年が多くなっている。

また，貿易黒字の増大によるペソ高圧力を背景として，アルゼンチン政府は金本位制を導入する（1899 年）。この結果，政府の直接的管理下にある兌換局（Caja de Conversión）が唯一の発券銀行となり[41]，同局の金保有量によって通貨発行量が決定されることとなった。また，これと並行して，野放図に紙幣を発行していた州立銀行の通貨発行権は剥奪され，独立以降無秩序であったアルゼンチンの通貨体制に，一定の秩序がもたらされることとなった。

さて，財政・金融制度の改革により，第二次アルゼンチン投資ブームが生じることとなる。**図表 I-9** をみると，コロンビア，ニカラグア，パラグアイ，ベネズエラ等の信用度の低い国の公債は勿論のこと，ブラジル，チリ，ウルグアイ等の経済規模の大きい国の公債と比較しても，アルゼンチン債の額面価格の上昇が際立っていることが確認できよう。かかる状況を反映して，1913 年にはイギリスの在アルゼンチン投資残高は約 3 億 5,770 万ポンドに達した[42]。

ここで英系鉄道会社に与えられた収益率保証制度について言及しておきたい。同制度は，1862 年に最初のイギリスによる対アルゼンチン投資が行われ

図表 I-8……鉄道敷設距離と貿易額の推移

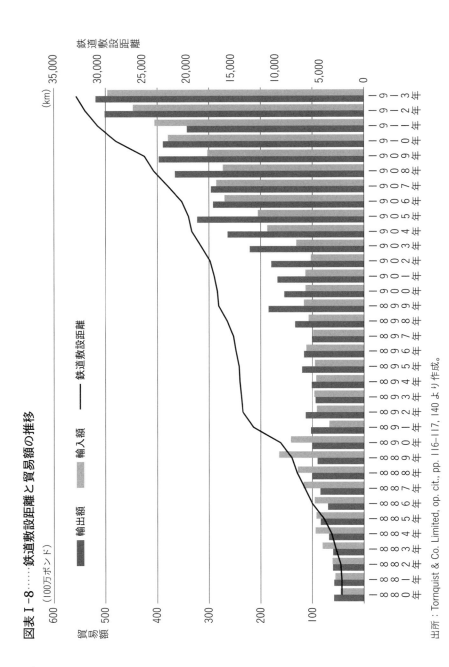

出所：Tornquist & Co. Limited, op. cit., pp. 116-117, 140 より作成。

多角的決済システムと
アルゼンチン

第 I 章

図表 I -9……ラテン・アメリカ諸国の公債価格

	1898 年		1903 年		1908 年	
	高値	安値	高値	安値	高値	安値
アルゼンチン公債（1886–87 年）	**94**	**84**	**102**	**97**	**105**	**100**
ブラジル公債（1883 年）	63	44	85	79	92	83
チリ公債（1885 年）	84	63	87	80	97	84
ウルグアイ公債（1891 年）	46	46	63	54	73	66
コロンビア公債（1896 年）	19	16	32	16	46	42
ニカラグア公債（鉄道債）	53	40	65	59	66	58
パラグアイ公債（1886 年）	17	14	33	28	52	45
ベネズエラ公債（1896 年）	39	30	38	26	49	43

出所：Feis（邦訳）152 頁より作成。

た際に導入された。今井によると，同年 6 月 12 日，ブエノス・アイレス州政府は，同市から南方 113 キロメートル先にあって，牧畜業の盛んなチャスコムスまでの鉄道敷設権を，イギリス商人ラム（E. Lumb）に対して認可したが，その際の契約において，投下資本額に対して 7% の収益率を 40 年間保証されたという[43]。かかる優遇措置によって，アルゼンチンの鉄道敷設距離は驚異的なスピードで拡大していったのである。また，鉄道建設資材の輸入に対する関税は免除され，英系鉄道会社の資産も課税対象から外された。このような英系鉄道会社に対する優遇措置も，アルゼンチンの驚異的な鉄道敷設距離の拡大の原因の 1 つであったといえよう。

　では，対アルゼンチン投資によってイギリスはどの程度の投資収益を得たのであろうか。**図表 I -10** は，1911/12，1912/13 年度の経常収支を示しているが，これによるとアルゼンチンは債権諸国に対し年間 1 億 6,000 万金ペソ（約 3,300 万ポンド）以上の利子・配当支払いを行っていたことになる。当時のアルゼンチンに所在する投資残高の約 6 割はイギリス資本であったので[44]，アルゼンチンからイギリスに支払われた年間の利子・配当支払いは 1,900 万ポンド強ということになる。すなわち，アルゼンチンはインドほどではないが，巨額

17

図表Ⅰ-10……アルゼンチンの経常収支

(単位：100万金ペソ)

	1911/12 年度	1912/13 年度
商品貿易		
輸出	428.50	512.20
輸入	409.00	460.40
貿易収支	19.50	51.80
サービス項目		
債務支払い	167.90	160.50
その他サービス支払	87.00	87.00
全サービス項目	254.90	247.50
経常収支	−235.40	−195.70

出所：V. L. Phelps, *The International Economic Position of Argentina*, University of Pennsylvania Press, 1938, p. 24 より作成。

の投資収益をイギリスにもたらしていたといえよう。

　一方，アルゼンチンは経常収支の均衡化において，イギリスからの資本輸入にますます依存するようになっていく。**図表Ⅰ-10** が示すように，1911/12 年度にアルゼンチンが対外利子・配当支払い等に必要とした額は約 2 億 3,500 金ペソ（4,000 万ポンド以上）にも上った。かかる経常収支赤字は，貿易黒字の拡大か，あるいは新規の対外借入によってカバーするしかない。しかし，対米独貿易赤字が急拡大していた一方で，ヨーロッパ諸国や近隣諸国に対する輸出拡大に限界があった状況下では，貿易黒字の拡大を見込むことは不可能であった。したがって，アルゼンチンの経常収支の均衡は，欧米債権諸国，特にイギリスからの新規借入によって保たれていたのである。

3. 「コラボレーター」の役割

　これまで，多角的決済システムにおけるアルゼンチンの位置づけと，同システム下での経済発展の様相をみてきた。これを踏まえ，「非公式帝国」論争における 1 つの焦点となってきた「コラボレーター」について言及しておきたい。

第I章　多角的決済システムとアルゼンチン

　アルゼンチンは「第6の自治領」，あるいは「名誉自治領」と呼ばれることがあるが，イギリスとアルゼンチンの金融的結びつきは，自治領諸国のそれと同じくらい強かった。先にみたように，多角的決済システムにおいて，アルゼンチンは，オーストラリアのように投資収益回収の「副次的ルート」を提供しており，それを背景としてアルゼンチン経済はイギリスに対して従属的状況にあった。例えば，1889年において，イギリスの海外投資総額の40〜50％はアルゼンチンに投資されており[45]，1913年末には約8,200万ポンドもの巨額の資金がアルゼンチン公債に投資されていた[46]。また，1909年にアルゼンチンの鉄道の総敷設距離は14,909.5マイルに達していたが，そのうち11,317マイルはイギリス資本支配下の鉄道に属していたとされる[47]。その他の公共事業会社（ガス，水道，電気，市街電車），そして民間会社（食肉加工業，銀行，保険業）の多くもイギリス人によって経営されていた。

　さて，注目すべきは，このようなアルゼンチンの主要部門に対する経済的浸透は，中国やエジプトでみられたような軍事力の行使はもとより，示威的使用もなく達成されたということである。ではなぜ，イギリスはアルゼンチンに対して容易に経済的侵入を果たせたのであろうか。

　アルゼンチンは19世紀初頭のスペイン副王領からの独立当初から，物質的進歩を求める少数者が政治的権力を握っていた。彼らは，先進国イギリスとの通商を求めており，1825年には修好通商航海協定（Treaty of Amity, Commerce and Navigation）が締結されている[48]。アルゼンチンは日本や中国とは異なり，既に19世紀初頭にはイギリスの自由貿易政策を受け入れる素地ができていたのである。また，上記協定が締結される1年前には，ベアリング商会を介してイギリスから巨額の借入れをしている。

　さらに，19世紀末から20世紀初頭における食肉貿易の急成長と並行して，350程度の大牧場主の一族，すなわちオリガルキア（Oligarquía）に政治権力が集中していった。リッチモンドによると，オリガルキアに属するのは，1895年において，人口400万人のうち，わずか約2万人（0.5％）であったとされる[49]。彼らは富裕な商人，銀行家，投資家でもあり，貿易のみならず，不動産や金融業等の分野に大きな利害関係を有していた[50]。また，オリガルキアは

19

「資本主義を奉じるコスモポリタン」であり，外国人（特にイギリス人）との姻戚関係の構築や合弁事業の展開に熱心であった[51]。彼らは，共産党や社会党の台頭，そして急進党による政権の奪取（1916年）という逆風にさらされながらも，1943年6月の軍事クーデター発生まで圧倒的な影響力を維持し続けた。

　さて，オリガルキアの「権力の源」は，イギリスが提供する市場と資本，さらには技術，商業，金融の知識にあり，イギリスの上流階級との人脈を構築する必要があった。その際大きな役割を果たしたのは，社交クラブや各種スポーツ（ゴルフ，クリケット，乗馬等）である。イギリスの政治家や官僚は，アルゼンチンの政界，官界，言論界に少なからぬ協力者を有しており，「コラボレーション」（政治・外交への介入）が可能であった。イギリスのアルゼンチンに対する経済的進出が，エジプトや中国のように軍事的介入へと帰結しなかった主な理由は，イギリスの「非公式支配」にとって都合の良い「コラボレーター」が存在したからである。

　なお，以下の理由もつけ加えておきたい。アルゼンチンの場合，たとえイギリスが軍事的介入を行ったとしても，それは成功しなかったであろう。なぜなら，アルゼンチンは19世紀初頭の独立闘争期において，イギリスの軍事的侵攻を独力で排除した経験があったからである。したがって，アルゼンチンにおいては，軍事力の行使は何の効果も期待できなかったであろう。また，1823年のモンロー宣言が，イギリスの軍事介入に一定の歯止めをかけていたことも忘れてはならない[52]。すなわち，エジプトや中国の場合とは異なり，アルゼンチンの場合，イギリスには軍事的介入・威圧という選択肢はなかったのである。それにもかかわらず，経済的浸透が成功した理由は，「コラボレーション」が有効に機能したことに求めることができよう。アルゼンチンの事例は，「非公式支配」においては，軍事的要因は必ずしも重要ではないことを示唆している。これについては「おわりに」で再度論じていきたい。

第 **I** 章 多角的決済システムとアルゼンチン

小括

　本章を締めくくるにあたり，冒頭で述べた「非公式帝国」をめぐる論争の争点，すなわち，イギリスのアルゼンチンに対する経済的関わりと「コラボレーター」の役割について，改めて考察してみたい。

　第1節で述べたように，多角的決済システムとは，ヨーロッパの債権諸国，とりわけイギリスの投資収益の迂回的な回収をその本質的機能としていた。一方，同システムは貿易・決済上の国際公共財としての役割を果たしており，その提供者であるイギリスだけでなく，その利用者にも利得をもたらした。それは，19世紀末葉から20世紀初頭にかけてアルゼンチンが史上稀にみる経済成長を実現したことによって示されている。この事実は，英・アルゼンチン間の関係は通常のビジネス関係の域を出なかったとするトンプソンの主張を裏づけているように思われる。

　しかし，資本主義経済においては，あるシステムの提供者はその利用者よりも多くの利得を得るのが一般的である。また，システムの提供者は，その利用者に対して様々なルールを課し，利用者の行動は一定の制約を受けるという事実を思い起こすべきであろう。一方，利用者は，そのシステムが提供する利益とコストを見定め，自らの意思でシステムを利用するか否かの選択を行うことになる。イギリスはシステム全体からもたらされる巨額の収益を享受しつつ，システムの利用者たるアルゼンチンに様々なルールを課していた。すなわち，自由貿易政策の受容と外資に対する開放性の維持，そして，両者から派生した均衡財政や健全通貨，あるいは利子・配当支払いの履行等である。これらによってアルゼンチンの選択肢はかなりの程度制限されていた。すなわち，英・アルゼンチン間の経済的関係は，対等な主権国家同士のそれとは明らかに異なるのである[53]。ホプキンズは両国の関係を「アルゼンチンが最高のゲームをしても，イギリスがカードを配ったという事実を弱めることには決してならない」と，わかりやすく表現している[54]。

　「コラボレーター」の役割という観点からみても，「非公式帝国」概念を否定

するトンプソンの説は説得力を持たないであろう。オリガルキアとその利害関係を代弁する政治家や官僚は，自国内での権力や利権を維持するために強引な手段を用いたため，時にイギリス企業や同国政府との間で衝突することもあった。しかし，かかる衝突をもって，英・アルゼンチン間の関係を対等な主権国家同士の関係として捉えることはできない。重要なのは，アルゼンチンの「コラボレーター」は，イギリスが設定するルールの大原則，すなわち自由貿易政策の遂行と外資の受入れについては忠実に順守していたということである。「コラボレーター」の存在によって，イギリスは低コストで（軍事的圧力を使用せずに），アルゼンチンにルールに基づく行動をとらせることができた。イギリスの経済的進出が最終的に軍事的介入に帰結したエジプトや中国の事例を踏まえると，アルゼンチンのオリガルキアはイギリスにとって好都合な「コラボレーター」だったといえよう。

注

1　アルゼンチンのイギリスに対する経済的従属状況の概観を得るには，天川潤次郎「南米におけるイギリスの『非公式帝国』」矢口孝次郎編著『イギリス帝国経済史の研究』東洋経済新報社，1974 年，第 6 章が便利である。これと併せて，佐々木隆生『国際資本移動の政治経済学』藤原書店，1994 年，142-153 頁；P. J. Cain and A. G. Hopkins, *British Imperialism: Innovation and Expansion 1688-1914*, Addison-Wesley Longman Ltd., 1993（竹内幸雄・秋田茂訳『ジェントルマン資本主義の帝国 I ―創生と膨張 1688-1914―』名古屋大学出版会，1997 年）邦訳 195-201 頁；J. Darwin, *The Empire Project: the Rise and Fall of the British World System 1830-1970*, Cambridge University Press, 2009, pp. 137-140 も参照されたい。

2　「はじめに」の注 3 で示した Thompson の論文と併せて，ホプキンズの批判を参照されたい（A. G. Hopkins, "Informal Empire in Argentina: An Alternative View," *Journal of Latin American Studies*, Vol.26, No.2, May, 1994）。

3　Hopkins, op. cit., p. 469.

4　Hopkins, op. cit., p. 472.

5　多角的貿易システムについては，国際連盟経済情報局（佐藤純訳）『世界貿易のネットワーク』創成社，2023 年（改訂版）を参照されたい。この邦訳には，第 I 部に，*Europe's Trade: A Study of European Countries with Each Other and with the Rest of the World*, League of Nations, 1941；第 II 部に，*The Network of World Trade: A Companion Volume to "Europe's Trade"*,

League of Nations, 1942, 巻末に上記 2 書の事実上の著者であるヒルガート（F. Hilgerdt）により執筆された論文，F. Hilgerdt, "The Case for Multilateral Trade," *The American Economic Review*, Vol. 33, No. 1, Mar, 1943 が収録されている。

6　本書においては，「多角的貿易システム」は市場原理に基づく多国間の商品貿易システム，「多角的決済システム」は商品貿易に加え，サービスや利子・配当支払いも含む国際的取引の結果形成されたグローバルな広がりを持つ単一の資金循環システムを意味している。

7　国際連盟経済情報局（邦訳），287-288 頁。

8　井上巽『金融と帝国 II ─スターリング・ブロックの形成と展開─』文眞堂，2022 年，6 頁。

9　井上巽『金融と帝国─イギリス帝国経済史─』名古屋大学出版会，1995 年，118-122 頁を参照。

10　秋田『イギリス帝国とアジア国際秩序』11-12 頁。

11　D. Sunderland, *Financing the Raj: The City of London and Colonial India, 1858-1940*, The Boydell Press, 2013, p.115.

12　吉岡昭彦『近代イギリス経済史』岩波全書，215-216 頁。

13　同書 216 頁。

14　同書 274 頁。

15　著名な国際政治経済学者であるストレンジも，イギリスのインドに対する金融的搾取について言及している。これについては，S. Strange, *State and Markets: An Introduction to International Political Economy*, 2nd ed., Pinter Publishers, 1994（西川潤・佐藤元彦訳『国家と市場─国際政治経済学入門─』ちくま学芸文庫，2020 年）邦訳 227 頁を参照されたい。

16　吉岡前掲書 216 頁。

17　オーストラリアに関しては，井上巽「第 1 次大戦前の多角貿易網とオーストラリア」『二松学舎創立百二十五周年記念論文集』2002 年所収；同「1920 年代における多角貿易網の復活とオーストラリア」『西洋史研究』新輯第 35 号，2006 年，11 月を参照されたい。

18　かかる互恵的関係について，ヒルガートは以下のように記している。「多角的貿易システムには，債権国，債務国，いずれの点からみても重要性の低い国が含まれていた。しかし，これらの国は，ある国に対する輸入超過を，別の国に対する輸出超過を用いて決済することによって，債務国が債務を返済し，債権国が投資収益を回収することに貢献していた。一方，債権国は，重要な投資先ではない国に対する輸入超過を通じて，これらの国（債権国，債務国，いずれの立場においても重要性の低い国）が必需品を輸入することを可能にしていた。」（国際連盟経済情報局（邦訳）264 頁）。なお，引用の際，括弧内を加筆すると同時に若干の修正を加えている。

19　ヒルガートはデンマークやアイルランドにおける畜産品製造のプロセスを，工業製品のそれと比較している（国際連盟経済情報局（邦訳）89 頁）。すなわち，両国は肥料・飼料

等の「原料」を大量に輸入し，安価で良質な畜産品＝「工業製品」を大量に製造していたのである。多角的決済システムは，かかる工業的な農業を可能にする国際公共財であった。一方，国際公共財の提供国であったイギリスは，投資収益や海運・保険業収入で得た「見えざる所得」のわずかな部分を用いて，ベーコン，卵，バターに対する自国民の嗜好を満足させることができた（B. N. Thomsen and B. Thomas, *Anglo-Danish Trade 1661-1963*, The University Press of Aarhus, 1966, p. 345）

20 東南ヨーロッパ諸国における農業の後進性と工業発展の停滞については，国際連盟経済情報局（邦訳）75-78 頁を参照されたい。

21 国際通貨としての機能を維持していくには，金とのリンクよりも，為替管理のないこと，すなわち外貨との自由な交換性を担保することの方が重要である（金井雄一『ポンドの苦闘―金本位制とは何だったのか―』名古屋大学出版会，2004 年，161 頁）。

22 C. F. Díaz Alejandro, *Essays on the Economic History of the Argentine Republic*, New Haven and London, 1970, p. 3.

23 *Diplomatic and Consular Reports, Argentine Republic*, London, 1912, p. 36.

24 以下のアルゼンチンの目覚ましい発展に関する叙述は，J. Darwin, *The Empire Project: the Rise and Fall of the British World System 1830-1970*, Cambridge University Press, 2009, pp. 137-138.

25 A. Maddison, *The World Economy: A Millennial Perspective*, OECD, 2001（金森久雄監訳『経済統計で見る世界経済 2000 年史』柏書房，2004 年）邦訳 118 頁。

26 *Diplomatic and Consular Reports*, p. 25.

27 V. Bulmer-Thomas, *The Economic History of Latin America since Independence*, Cambridge University Press, 1994（田中高・榎股一索・鶴田利恵訳『ラテンアメリカ経済史―独立から現代まで―』名古屋大学出版会，2001 年）邦訳 50 頁。

28 国際連盟経済情報局（邦訳）259 頁。

29 "regions of recent settlement" の訳であるが，「新開入植地」「最近入植地」とも訳されている。いずれにせよ，20 世紀初頭からみて「最近」入植された地域なので，イギリス白人自治領諸国や白人が入植したラテン・アメリカ諸国（非熱帯農業諸国）などのことである。当初はアメリカも「新入植地域」に分類されていたが，20 世紀初頭に巨大な工業国となったので，多角的貿易・決済システムにおいては独立したアクターとして登場する。

30 佐野誠『開発のレギュラシオン―負の奇跡・クリオージョ資本主義―』新評論，1998年，68 頁。

31 同書 68-69 頁。

32 英系海外銀行は支店やコルレス関係を通じた貿易金融を主な業務としていたが，マーチャント・バンクが得意とする公債発行業務も行っていた。さらに，現地の地方政府や商工業，鉱山業などにも貸付を行っていた。現地に店舗を構えることにより，マーチャント・バンクや巨大預金銀行が取りこぼしたビジネスで収益を上げることができたと思われ

る。英系海外銀行については，鈴木俊夫「国際銀行史」上川孝夫・矢後和彦『国際金融史　新・国際金融テキスト2』有斐閣，2007年，第9章，287-289頁を参照されたい。

33　G. Jones, *British Multinational Banking, 1830-1990*, Clarendon Press, Oxford University Press, 1993（坂本恒夫・正田繁訳『イギリス多国籍銀行史 1830～2000年』日本経済評論社，2007年）邦訳92頁。

34　ベアリング商会に関しては，C. Marichal, *A Century of Debt Crises in Latin America: From Independence to the Great Depression, 1820-1930*, Princeton University Press, 1989, Appendix D を参照。

35　1824年に実現した巨額の借款は，港湾建設やその他公共事業への使用が条件とされていたが，実際は Banco de Buenos Aires の創設や国内債の償還等に使用された。この借款は，アルゼンチンの財政・金融制度の近代化に大きな刺激を与えたとされる（Ibid., pp. 34-35）。

36　例えば，Buenos Ayres and Rosario の株式は7%，Buenos Ayres and Great Southern の株式は10%の配当率であった（J. F. Rippy, *British Investments in Latin America, 1822-1949*, Minneapolis, 1959, p. 44）。

37　Marichal, op. cit., p. 35.

38　D. C. M. Platt, *Latin America and British Trade, 1806-1914*, Harper & Row, 1973, p. 289.

39　ベアリング危機後のアルゼンチンの状況については，Marichal, op. cit., pp. 163-170 を参照されたい。

40　井上はインドの「世界市場直結」型鉄道を，広大なインド内陸部の農村地域で生産される各種一次産品をカルカッタ，ボンベイ，マドラスなどの大港湾都市に輸送するための鉄道としている。これらの港湾都市に運ばれた一次産品は世界市場向けに販売され，インドは巨額の貿易黒字を稼得した。そして，この大きな部分は「本国費」という形で，最終的にイギリスに還流したのである（井上『金融と帝国』118頁）。主にイギリス資本によって整備されたアルゼンチンの鉄道も，インドと同様に一次産品輸送を主な目的として建設された。

41　兌換局はイングランド銀行の発券部をモデルとして1890年に創設された（G. Paolera and A. M. Taylor, *Straining at the Anchor: the Argentine Currency Board and the Search for Macroeconomic Stability, 1880-1935*, University of Chicago Press, 2001, p. 49）

42　Platt, *Latin America and British Trade*, p. 289.

43　今井圭子『アルゼンチン鉄道史研究—鉄道と農牧産品輸出経済—』アジア経済研究所，1985年，59頁。

44　Díaz Alejandro, op. cit., p. 30.

45　C. A. MacDonald, "End of Empire: the Decline of the Anglo-Argentine Connection, 1918-1951," in A. Hennessy and J. King eds., *The Land that England Lost: Argentina and Britain, a Special Relationship*, British Academic Press, 1992, p.81.

46 佐々木隆生『国際資本移動の政治経済学』藤原書店，1994 年，144 頁。

47 同書 144 頁。

48 D. McLean, War, *Diplomacy and Informal Empire: Britain and the Republics of La Plata, 1836-1853*, British Academic Press, 1995, p. 9.

49 D. W. Richmond, *Carlos Pellegrini and the Crisis of the Argentine Elites, 1880-1916*, Praeger, 1989, p. 30. ウェイルは，アルゼンチンにおけるイギリス贔屓の特権的エリート層を，植民地インドにおける「英国王から称号を得た 500 人程度のインドの王子，ヒンズーやムスリムの上層階級」になぞらえている（F. J. Weil, *Argentine Riddle*, The John Day Company Inc., 1944, p. 132）。

50 Richmond, op. cit., p. 29.

51 Ibid., p. 30.

52 第 5 代アメリカ大統領モンロー（任期：1817〜25 年）によって示された外交方針である。ファイスは，モンロー宣言のラテン・アメリカに対する影響を以下のように記している。「このドクトリンの存在，そしてアメリカがこれを支持するという保証のおかげで介入が抑止されたことは一再ならず，またこれが介入を終わらせたことも数度にわたる。だが一方でこのドクトリンは，時に借り入れ国政府に安全だという幻想を抱かせ，貸し手や投資家の正統な要求に無責任な対応をとらせることにもなった」。H. Feis, *Europe, the World Banker, 1870-1914*, Reprints of Economic Classics, Kelly, 1964（柴田匡平訳『帝国主義外交と国際金融 1870-1914』，筑摩書房，1992 年）邦訳 152 頁参照。

53 ストレンジは政治経済において行使される権力には，「関係的権力」と「構造的権力」の 2 種類が存在するとしている。後者は，A が働きかけて B に何かをさせるような権力である。前者は，どのように物事が行われるべきかを決める権力，すなわち国家，国家相互，または国家と人民，国家と企業等の関係を決める枠組みを形づくる権力である。言うまでもなく，イギリスはアルゼンチンに対して「構造的権力」を行使しうる立場にあった。上記ストレンジの権力論については，Strange（邦訳）60-71 頁を参照されたい。

54 Hopkins, op. cit., p. 473.

第II章 ロカ・ランシマン協定とイギリス金融利害

本章の課題

　イギリスを基軸とする多角的決済システムの下で順調な経済発展を遂げてきたアルゼンチンは，両大戦間期における同システムの変質と解体によって[1]，一次産品輸出と外資に依存した発展に限界を画されることとなる。すなわち，同システムの機能が低下したことにより，アルゼンチンは輸出と対外借入の困難に逢着するのである。かかる事態に対し，1930年代のアルゼンチン政府は，輸入代替工業化政策を中心にすえた自立的経済発展の途ではなく，基軸国イギリスとの経済関係をいっそう強化する方向に舵を切る。それを示す出来事の1つが，1933年5月におけるロカ・ランシマン協定（Roca-Runciman Pact）の締結であった。

　さて，ロカ・ランシマン協定の締結は，1932年のオタワ会議（Ottawa Conference）の開催と帝国特恵体制の確立と同様に，イギリスの国内産業保護政策＝輸出促進策として一般的に解釈されてきた[2]。すなわち，イギリスはアルゼンチンに対する食肉輸入量の現状維持と引き換えに，同国から関税率切り下げ等の大幅な譲歩を引き出したとされてきたのである。確かに，1932年における一般関税の導入と特恵体制の確立は，自由貿易の放棄と引き換えに，イギリスに強力な交渉力を与えることとなった。すなわち，イギリスは自治領であるオーストラリアに対する特恵待遇の保証を理由として，帝国外の国（「非公式帝国」）であるアルゼンチンからの食肉輸入を制限することが可能であり，このことが両者の交渉力に大きな差異を生じさせていたのである。かかる交渉力の不均衡は，当時のナショナリストにも認識されており，同協定の締結は彼らの強烈な批判を招くこととなる[3]。

　一方，ケインとホプキンズはイギリス通商政策の主な目的は，アルゼンチンに所在する巨額な投資残高の保全にあったと主張している[4]。この時期のイギリスの国際収支は，貿易赤字を「見えざる所得」，とりわけ海外投資収益でカバーする構造を有していた。すなわち，国際収支の発展段階説におけるいわゆる「成熟債権国」だったのである[5]。イギリスの海外投資残高，すなわち利子・

28

配当の収益源は帝国外諸国にも存在しており，このことが同国の通商政策を大きく規定したことは間違いないであろう。ちなみに，アルゼンチンは帝国外の国では最大の投資先であり，投資残高は 3 億 6,000 万ポンドに及んだ[6]。したがって，ロカ・ランシマン協定については，イギリスにおけるアルゼンチンの金融上の重要性を踏まえて再考される必要がある。

　本章では，当時アルゼンチンが実施していた為替管理政策に注目する。1930 年代初頭にドイツや一次産品生産諸国で導入された為替管理の業務は，当初は為替相場への介入のみであったが，次第に経済全体の管理・統制まで及んでいった。その過程で，為替管理当局は債権国に対する利子・配当支払いにおいて差別的待遇を行うようになっていく。かかる状況に対して，イギリスはロカ・ランシマン協定，とりわけ金融的事項を取り決めた第 2 条を梃子として，間接的にではあるが，自らの金融利害の保全に成功することとなる。

　本章の構成は以下の通りである。1 では，アルゼンチンにおける為替管理の導入についてみていく。2 では，ロカ・ランシマン協定の主要な条文について検討する。3 では，イギリス金融利害を念頭に置きながら，ロカ・ランシマン協定締結後に高度化した為替管理体制について検討していく。

1. 為替管理の実施

　1929 年 10 月のニューヨーク証券取引所での株価暴落に端を発する世界恐慌の発生は，アルゼンチン経済に深刻な影響を与えた。**図表Ⅱ-1** をみると，1930 年にアルゼンチンの輸出が大幅に減少し，それに伴い貿易黒字も大幅に縮小していることが確認できる。また，遅れて輸入も急速な縮小を示し，その結果，関税収入は大きく減少することとなった[7]。**図表Ⅱ-2** は，貿易赤字と並行して生じた財政赤字の状況を示している。特に 1930 年の財政赤字は 4 億ペソ以上にまで拡大していることに注目されたい（網掛けの部分）。かかる「双子の赤字」に加え，1930 年 9 月には軍事クーデターが発生し，アルゼンチンのソブリン・リスクは大幅に高まることとなった。

　そこで，イギリスの金本位制停止（1931 年 9 月）と合わせ，アルゼンチン

図表Ⅱ-1……アルゼンチンの貿易

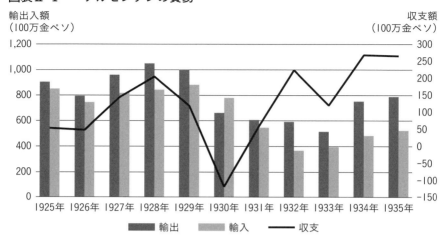

出所：V. L. Phelps, *The International Economic Position of Argentina*, University of Pennsylvania Press, 1938, p. 49, 55, 62 より作成。

図表Ⅱ-2……アルゼンチンの財政収支

(単位：100万ペソ)

	1928年	1929年	1930年	1931年	1932年	1933年	1934年	1935年	1936年
収入	744.5	763.7	669.4	703.7	766.6	763.7	812.4	1029.5	923.9
支出	931.7	993.5	1094.5	949.9	826.5	1,039.0	1,049.9	1,843.5	1,157.1
収支	−187.2	−229.8	−425.1	−246.2	−59.9	−275.3	−237.5	−814.0	−233.2
公債収入	177.5	25.7	71.5	85.8	392.4	396.2	253.5	802.6	266.8
金の再評価益	—	—	—	—	—	—	—	773.1	—
総収支	−9.7	−204.1	−353.6	−160.4	332.5	120.9	16.0	761.7	33.6

出所：EIS, *Public Finance 1928-1937, xxxvv, Argentine*, p. 3 より作成。

ではクロスレート（複数相場制）が導入された。イギリスが金本位制を停止した結果，ポンドを介した金の裏づけを失ったペソの価値は低下し続けており，ブラック・マーケットでは公定レートより20％の低い価格で取引されるようになっていた[8]。そのため，ポンドに加え，依然金本位制を維持していたアメ

リカの通貨ドルとの固定を図ったのである。為替管理の実務を担ったのは，1931年10月に設置された為替管理委員会であった。なお，為替管理導入に際し，市中銀行との調整役を務めたのは，一商業銀行であったにもかかわらず，資産規模や預金規模において他行から突出していた国立銀行（Banco de la Nación）であった[9]。

その後，為替管理委員会の業務は，為替相場の維持に加え，為替の配分にまで拡大していくこととなる。為替配分については以下のような優先順位が決められた[10]。まず，政府，州，市の対外利子・配当支払いが最優先とされた。次に，必要不可欠な商品の輸入のために使用され，その次に公共事業請負会社への支払いに使用されることとなった。優先順位が最も低かったのは，個人的な海外送金であった。例えば1932年度において，為替管理委員会により集積された為替総額は13億5,640万ペソであり，そのうち政府，州，市の対外利子・配当支払いのために1億9,800万ペソ，必要不可欠な商品の輸入のために7億8,890万ペソ，公共事業請負会社への支払いのために1億4,130万ペソ，そして個人的な海外送金のために1億6,720万ペソ配分されている[11]。

このように，アルゼンチン為替管理体制は初期段階から対外利子・配当支払いを優先する為替配分を行っていた。しかし，特定の債権国を優遇する傾向はなく，少なくともこの段階での為替の集中・配分措置は，すべての債権国を概ね平等に扱うものであったといえる。だが，国際連盟の報告書が記しているように，為替管理の実施は二国間通商政策の積極化を促すこととなる[12]。なぜなら，当該国が他国との間で締結した通商協定によって，自国の商業・金融利害が不利益に扱われる可能性が生じるからである。アルゼンチンは1933年5月のイギリスとの通商協定締結を皮切りに，1935年までにチリ，ブラジル，ベルギー・ルクセンブルク，オランダ，スイス，ドイツ，スペイン，アメリカ，ルーマニア，ウルグアイ，フィンランドと通商協定を締結していった[13]。これらの二国間通商協定により，アルゼンチンの為替管理政策は差別的なものへと変化していくこととなる。

2. ロカ・ランシマン協定の締結

　ロカ・ランシマン協定について検討していく前に，1930年代イギリス通商政策の目的・意義について，多角的貿易システムの観点から明らかにしておきたい。

(1) 1930年代イギリスの通商政策 ·······························

　大恐慌期のさなか，イギリスは19世紀半ばから維持してきた自由貿易政策を放棄し，対外経済関係の再編を図っていく。それは，1932年2月における輸入関税法（Import Duties Act）の制定と，同年7月のオタワ会議による帝国特恵体制（Imperial Preference System）の確立，そして特に，1933年上半期における帝国外諸国との間の二国間通商協定の締結，以上3段階から成る一連の政策によって実現された[14]。

　さて，大恐慌期における各国の関税・通商政策については，不況に喘ぐ自国産業の保護を目的とする近隣窮乏化政策，あるいは「失業の輸出策」とされてきた。言うまでもなく，その典型は1930年にアメリカで導入されたホーリー・スムート関税（Hawley-Smoot Tariff）である。同関税の導入により，国内で生産・製造される産品の輸入には，100％以上，中には250％を超える関税率が適用されることとなった[15]。これが，各国の報復を招き，世界全体の関税障壁が高まったことは周知の事実であろう。

　だが，第二次世界大戦中に国際連盟経済情報局から刊行された『ヨーロッパの貿易』において，以下のような興味深い指摘がみられる。

　「実質的にすべての国で行われた通商・金融政策の変更は，世界貿易に不具合を引き起こした根本的な原因ではない。この変更は，各国に突きつけられた混乱に対する正当な防衛策であり，それを実行した政府を責めるべきではない。」[16]

　上の引用は，各国の近隣窮乏化政策を引き起こした原因が他にあったことを示唆しており，大恐慌期の世界貿易に対する一般的な解釈を覆す指摘といえ

る。では，それは何であったのだろうか。これについては，『ヨーロッパの貿易』の姉妹編『世界貿易のネットワーク』において詳しく論じられている。これらの著書で展開されている「多角的貿易論」に基づいて，イギリス通商政策の背景について整理しておきたい[17]。

　①1870年頃，イギリスを基軸とする多角的貿易システムが形成され始める。それはあたかも扇を広げるように世界各地を包摂してゆき，20世紀初頭には世界のおよそ9割の国から成る貿易ネットワークへと成長を遂げた。同システムは，世界各地の多種多様な産品の多角的交換を実現するのみならず，ヨーロッパ債権諸国，とりわけイギリスへと還流する投資収益（利子・配当収入）の「迂回的回収経路」としての役割も果たしていた[18]。

　②第一次大戦後，多角的貿易システムは「復活」したとされるが[19]，実際には，投資収益の「迂回的回収経路」としての機能を十分に果たせなくなっていた。しかし，大戦後のアメリカによる資本輸出（ドル供給）が，直接・間接的にイギリスへの投資収益の還流を支えるという状況が出現し，多角的貿易システムの機能不全は隠蔽されることになった。

　③1928年後半期以降，アメリカの資本輸出の大幅な縮小＝ドル供給の停滞により，多角的貿易システムの機能不全が露呈した。すなわち，イギリスの投資先であった周辺諸国（インド，オーストラリアやアルゼンチン等）における債務危機が発生した。

　④周辺諸国の債務危機はイギリスの国際収支に対する不安感を醸成し，また，実際に国際収支の不均衡を引き起こした。このような中，1931年5月のクレディット・アンシュタルトの倒産とドイツの銀行危機が生じ，同年9月19日，イギリスは金本位制停止を余儀なくされた[20]。

　⑤ポンド安の進行によって，投資収益の減少や投資残高の目減りを防ぐために，為替相場の維持（ポンド相場の低位安定）が目指された。すなわち，国際収支の均衡が図られたが，「見えざる所得」が減少し，輸出拡大も望めない中で現実的にとりうる手段は輸入削減しかなかった[21]。それゆえ，選択的保護関税ではなく，例外品目を規定した一般関税の導入が図られ，1932年2月に輸入関税法が成立することとなった。

⑥一般関税導入後，イギリスは通商交渉を有利に進めることが可能となり，宿願であった帝国特恵体制の確立を目指していく[22]。しかし，1932 年 7 月に開催されたオタワ会議は，債務危機とデフレ不況に喘いでいた自治領・植民地諸国が自らの苦境を訴え，本国に対して輸入の拡大を要求する場となった[23]。実際，オタワ協定は，イギリスが帝国特恵により外国からの輸入を削減し，自治領・植民地諸国からの一定の輸入量を担保する内容となった。すなわち，オタワ会議の意義とは，帝国に存在する金融利害を保全する体制を構築した点にこそあったのである。

⑦オタワ協定成立後，イギリスは 1933 年 4 月のデンマークとの協定を皮切りに，アルゼンチンや他の北欧諸国（バルト三国を含む）との間で二国間通商協定を矢継ぎ早に締結していった[24]。これらについては，イギリス製品（石炭，繊維製品，鉄・鉄鋼製品等）の輸出促進策として評価されてきたが，やは

図表Ⅱ-3……イギリスの投資残高の分布図（1930 年）

帝国	100 万ポンド (%)	外国	100 万ポンド (%)
オーストラリア	494 （15.5）	**アルゼンチン**	**360 （11.3）**
インド・セイロン	458 （14.4）	ヨーロッパ	245 （ 7.7）
カナダ・ニューファンドランド	446 （14.0）	ブラジル	151 （ 4.7）
南アフリカ	224 （ 7.0）	チリ	49 （ 1.5）
ニュージーランド	123 （ 3.9）	その他の南アメリカ	83 （ 2.6）
イギリス領マラヤ	108 （ 3.4）	アメリカ合衆国	81 （ 2.5）
イギリス領東アフリカ	–	メキシコ・中央アメリカ	50 （ 1.6）
イギリス領西アフリカ	46 （ 1.4）	キューバ	–
西インド諸島	40 （ 1.3）	日本	63 （ 2.0）
その他のイギリス領	48 （ 1.5）	中国	40 （ 1.3）
		その他アジア諸国	47 （ 1.5）
		アフリカ	29 （ 0.9）
合　計	1,987 （62.4）	合　計	1,198 （37.6）

出所：EIS, *Balances of Payments 1931 and 1932 including an Analysis of Capital Movements up to September 1933, League of Nations*, (*The League of Nations Economic and Statistical Series 1910-1945*, Book 23) p. 175 より作成。

り多角的貿易システムの機能不全を受けた金融利害保全策であった。すなわち，金融利害の観点からみると，重要度の高かったアルゼンチンに対しては，投資収益の保全を目的とする通商政策を展開し，そうではなかった北欧諸国に対しては，自国の国際収支の均衡化を目的として，対英貿易黒字の徹底的削減を図った。

　このように，1930年代初頭におけるイギリスの通商政策の再編は，多角的貿易システムの機能不全を根本的原因としており，その究極的目的は輸出の拡大ではなく，投資収益保全を目的とする選択的な輸入拡大であった。**図表Ⅱ-3**は，1930年時点におけるイギリスの投資残高の分布を，**図表Ⅱ-4**は，1928年と1938年におけるイギリスの国・地域別の貿易収支を示している。両図表により，イギリスは，巨額の投資残高が所在する帝国諸国との貿易収支の方向を黒字から赤字に逆転させる一方で，投資残高がわずかしか所在しないヨーロッパとアメリカに対する貿易赤字を大幅に縮小していることが確認できる。かか

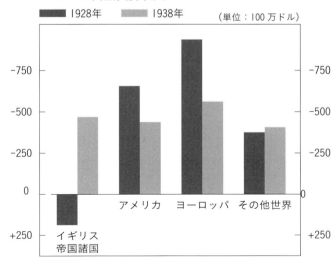

図表Ⅱ-4……イギリスの商品貿易収支

出所：EIS, *The Network of World Trade*, League of Nations, Geneva, 1942（佐藤純訳『世界貿易のネットワーク』改訂版，創成社，2023年）邦訳270頁より作成。

る貿易収支の劇的な変化は，利子・配当支払いの「原資」となる貿易黒字を，債務諸国に稼がせることを目的としたイギリス通商政策の結果であった。1930年代初頭のイギリス通商政策の再編は，シティ金融利害に大きく規定されていたのである。

(2) ロカ・ランシマン協定⋯⋯⋯⋯⋯⋯⋯⋯⋯⋯⋯⋯⋯⋯⋯⋯⋯⋯⋯⋯⋯

それでは，ロカ・ランシマン協定についてみていこう。以下，同協定の内容を概観した後に[25]，重要な条文について検討を加えていきたい。

条文の要点は以下の通りである。第1条：1932年度における冷蔵牛肉輸入量維持に関する取決め，第2条：為替割当における対外利子・配当支払い優先の取決め，第3条：補足協定に関する取決め[26]，第4条：1825年修好通商航海協定更新の取決め，第5条：国際司法裁判所への提訴に関する取決め，第6条：有効期限（3年）の確認，となっている。

付則は11のパラグラフから成っているが，要点を記すと以下の通りである。第1パラグラフ：英系企業の優遇と法的保護の約束，第2～5パラグラフ：食肉委員会の設置やくず肉の輸入等に関する規定，第6～7パラグラフ：イギリス産石炭の無関税輸入，関税率の全般的引き下げの約束，第8～9パラグラフ：アルゼンチンからの輸入品に対する現行税率維持の約束，第10パラグラフ：補足協定準備委員会設置に関する規定，第11パラグラフ：借換債発行に関する確認，以上となっている。

さて，第4条と第5条は協定の形式や有効期間に関わる内容なので，ここでは第1～3条について検討していこう。

第1条では，イギリスが帝国最大の食肉供給国であったオーストラリアに与えた特恵待遇が確認されている。すなわち，イギリスは自治領オーストラリアの食肉生産者に与えた特恵待遇を，アルゼンチンに正式に認めさせたのである。だが，実際にイギリスが与えた特恵待遇は，オーストラリアの食肉利害にとってさほどのメリットがなかったことに留意する必要がある。これについて簡単に検討しておきたい。

オタワ会議で締結された英豪協定には，外国からの食肉輸入に対する制限計

画が明示されている[27]。これによると，アルゼンチンの冷凍牛肉の対英輸出は，最終的にオタワ・イヤー（Ottawa Year，1932年度）の65%にまで制限されることになったが，冷蔵牛肉の輸出はオタワ・イヤーに対して100%の割合が認められている。実は，当時のイギリスで一般的に消費されていた食肉は冷蔵牛肉であり，1920年代半ばまでには冷凍牛肉は，もっぱら軍や病院で消費されるようになっていた[28]。したがって，アルゼンチンはこの規定によって，食肉輸出の現状維持をほぼ認められたことになる。実際，**図表Ⅱ-5**をみると，確かに，1933年以降，イギリスのアルゼンチンからの牛肉輸入量は100万ハンドレッドウェイトほど減少してはいるが，1930年代を通して750万ハンドレッドウェイト程度を維持していることが確認できる。このように，アルゼン

図表Ⅱ-5……イギリスの牛肉輸入相手国

（単位：1,000 ハンドレッドウェイト）

	1931年	1932年	1933年	1934年	1935年	1936年	1937年
帝国諸国							
オーストラリア	1,136	956	1,166	1,626	1,637	1,742	2,278
ニュージーランド	382	579	708	965	815	740	850
アイルランド	9	3	32	1	—	—	—
カナダ	15	18	75	126	52	86	108
南ローデシア	—	1	118	111	138	99	143
南アフリカ	8	8	22	20	71	32	36
その他諸国	6	8	4	1	4	1	8
合計	1,556	1,573	2,125	2,850	2,717	2,700	3,423
外国							
アルゼンチン	**8,570**	**8,462**	**7,646**	**7,486**	**7,461**	**7,684**	**7,591**
ウルグアイ	1,018	700	674	648	649	630	687
ブラジル	780	579	622	595	594	604	604
アメリカ	57	47	50	78	40	46	25
その他	14	7	4	8	4	7	7
合計	10,439	9,795	8,996	8,815	8,748	8,971	8,914
総計	11,995	11,368	11,121	11,665	11,465	11,671	12,337

出所：Imperial Economic Committee, *Meat: a Summary of Figures of Production and Trade relating to Beef, Cattle, Mutton & Sheep, Bacon, & Hams, Pigs, Porks, Canned Meat*, HMSO, London, 1938, p. 28 より作成。

チンは帝国特恵体制成立後も一定量の食肉輸出を認められていたのである。

　第2条は6つのパラグラフに分かれている。要点は以下の通りである。①為替管理が実施されている間は，アルゼンチンがイギリスへの輸出によって稼いだポンドは，最初に対外利子・配当支払いに使用され，次にイギリスへの経常的支払いに使用される。②イギリスへの経常的支払いは，第一に利子・配当支払いに使用され，残りについては交渉により使途が決定される。③アルゼンチン政府は封鎖ペソ（blocked peso）を解消するために1,200万ペソの現金を準備する。④封鎖ペソ解消を目的として，ポンド債（年利4%，20年満期，6年目から償還開始）を発行する。⑤イギリス人は本国送金に関して不利な扱いを受けない。⑥両国政府は協力し，アルゼンチンがイギリスに輸出した産品の価格が，イギリス市場の同様の産品の価格と可能な限り一致するよう努力する。重要な点は以下の2点である。

　第一に，イギリスはアルゼンチンに対して自国の金融利害を優遇するよう強制してはいない点である。確かに，1,200万ペソの現金をイギリスの商業的債務の返済に用意することが規定されているが，これはポンドに換金しても60～70万ポンドにしかならない。イギリスはアルゼンチンが稼得したポンドを含めた外貨収入を，自国に限らず債権諸国の利子・配当支払いに優先して使用することを約束させたにすぎない。つまり，イギリスに対する輸出によって稼得したポンドを，為替管理委員会は自由にドルやフランに交換し，アメリカやフランスに対する利子・配当支払いを行うことが可能だったのである。イギリスの金融利害保全策は，ドイツの清算協定や支払協定のように露骨に差別的なものではなく，後にみるように，より間接的，あるいは構造的なものであった。

　次に重要な点は，ロカ借換債（Roca-Funding Loan）と呼ばれるポンド建て債券が発行されたことである。同公債は，"funding"，すなわち，短期債や封鎖資金の長期公債への借換えを目的としていた。具体的には，為替管理の結果生じた企業や個人が保有する封鎖ペソの解除を目的としていたが，この公債の発行は1930年代のアルゼンチン経済に大きな影響を与えることとなる。また，シティ金融利害の視点に立てば，このポンド債の発行はアルゼンチンに所

在する巨額の投資残高の保全において重要な意味を持つこととなる。これらについては，節を改めて検討していきたい。

　第3条は補足協定締結に関する条文である。先にみたように，アルゼンチンの主要品目に関する規定は，既に第1条と付則において規定されているので，補足協定はイギリス製品に関する規定が主な内容となっている。大部の関税表から成る同協定を概観すると，ほとんどの品目において関税率は据え置かれ，無関税品目も追加されていないことが確認できる。しかも，アルゼンチンの平均関税率は1927～32年において，15.5%から28.6%に急激に上昇していたことに注意する必要がある。かかる急激な関税率の上昇は，大不況による国際収支の悪化を，輸入削減によって調整するため，急遽導入された関税が原因である。補足協定はかかる高率の関税率を固定化させたのである。すなわち，従来の研究が主張するイギリス通商政策の産業保護効果には疑念を呈せざるをえない。このことを確認するには，補足協定の関税表を仔細に分析する必要があるが，ここではその余裕もないので，さしあたり英・アルゼンチン間の貿易収支の動向をみることで代替しよう。

　図表Ⅱ-6は，アルゼンチンのイギリスに対する輸出と輸入，そして両国間の貿易収支を示している。図表をみると，アルゼンチンの輸出額はオタワ協定が締結された1932年から1933年にかけてかなり低下しているものの，1934年には回復をみせていることが確認できる。また，1937年には6,000万ポンドにまで伸びており，これはオタワ協定締結前の1930年を上回る額である。なお，アルゼンチンの輸入額は1932年の1,000万ポンドから，1937年には2,000万ポンドへと伸びている。ただし，絶対額が小さいため伸び幅が小さく，両国の貿易収支は常にアルゼンチン側が3,000万ポンド以上の黒字となっている。なお，1937年から1938年にかけて大幅な貿易黒字の低下がみられるが，これはオタワ協定の影響というよりは，大戦前夜という特殊な状況によるものと考えてよいであろう。

　以上のことから，イギリスは帝国外の国であったアルゼンチンに対する輸出を存分に拡大できなかったことが確認できる。その理由は，イギリスが帝国の債務諸国に対してと同様に，アルゼンチンに対しても配慮する必要があったこ

図表Ⅱ-6……アルゼンチンの対英貿易

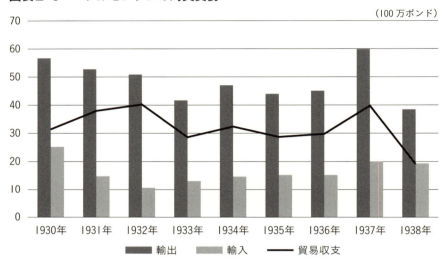

出所：Board of Trade, *Statistical Abstract for the United Kingdom for Each of the Fifteen Years 1924 to 1938*, HMSO, London, 1940【Cmd. 6232】より作成。

とに求めることができよう。図表Ⅱ-3をみると，アルゼンチンにおけるイギリスの投資残高は3億6,000万ポンドとなっており，一国でヨーロッパやアメリカを上回る額となっている。イギリスはロカ・ランシマン協定の締結によって，アルゼンチンにとって唯一の債務返済手段である貿易収支の黒字を担保する必要があったのである。

3. 為替管理体制の高度化

　本節では，1933年11月以降の高度化された為替管理政策を検討することにより，イギリス金融利害保全の仕組みを具体的に明らかにしていく。だが，その前に，為替管理体制の高度化において鍵となる役割を果たした財務大臣ピネド（F. Pinedo）について触れておきたい。

(1) ピネドと為替管理政策 ··

　1930 年 9 月の軍事クーデターを主導したウリブル（J. F. Uriburu）は，急進党（Unión Cívica Radical）政権を倒壊させることに成功したが[29]，すみやかな民政移管に失敗した。その結果，軍部内のより広範な支持を獲得したフスト（A. P. Justo）に主導権を奪われることとなる[30]。政治的手腕にたけたフストは，自身が所属する保守党（国民民主党，Partido Demócrata Nacional）に，急進党の非主流派（Anti-Personalista）と独立社会党（Partido Independiente Socialista）を取り込むことによって，保守連合政権（Concordancia，以下「コンコルダンシア」）を成立させた[31]。

　だが，オリガルキアを支持基盤とするコンコルダンシアは，農牧業の保護とイギリスとの関係を偏重したため，ナショナリストや野党の批判にさらされることとなった。また，選挙時における不正手段（賄賂・特権の供与等）の利用は常態化していた。かかる状況から，コンコルダンシア政権期は，アルゼンチン政治史において「不名誉な 10 年」（Década Infame）と呼ばれている[32]。

　一方，同時代において，アルゼンチン版ニューディールとでも称すべき革新的な経済政策が実施されていく。かかる政策の立案・実施において，基軸的役割を担ったのが独立社会党のピネドであった。ピネドはオリガルキアを構成する一族の出身であったが，思想的には社会民主主義者であり，カウツキー（K. Kautsky），ベルンシュタイン（E. Bernstein），ルクセンブルク（R. Luxemburg）とも親交があったという[33]。ピネドは経済通の政治家であり，大統領フストから絶大な信頼を得ていただけでなく，プレビッシュ（R. Prebisch）や財務省内の若手官僚からも支持されていた[34]。ピネドのブレイン・トラストの一員であったウェイルは[35]，彼について以下のように記している。

　「ピネドはダイナミックで進取の気性に富んでいると言われてきた。彼はアルゼンチンを代表する金融と財政の権威である。彼はアルゼンチンが生んだ最も有能で大胆な政治家である。保守的一族の出身だが，伝統にとらわれた月並みな政治家ではない。1933 年の時点で 38 歳であったが，既に社会党議員としての経験を有しており，フスト大統領の下で財務大臣となった。当時，彼は独

立社会党に属しており，むなしく外野の立場にいる他の社会党議員と袂を分かち，フスト大統領に協力することで何らかの建設的な仕事をなすことを選んだ。ピネドはある意味，著名な弁護士，そして頑固な改革者として有名なクリップス卿（Sir Stafford Cripps）のような人物である。」[36]

さて，1930年代のピネドやプレビッシュは，頼るべき経済理論がなく「未知の領域」に踏み入りつつあった[37]。すなわち，当時のアルゼンチンは輸出主導型の安定した経済成長の限界に直面しつつあり，新たな経済発展の途を模索する必要に迫られていたのである。これに対してピネドやプレビッシュが選んだ選択肢は，輸入代替工業化ではなく，一次産品輸出経済に依存した経済発展路線の維持である。ただし，これまでの自由放任主義的な経済政策ではなく，国家による積極的な経済介入を実施していく。ピネドは為替管理政策をそのための手段と位置づけていた。

また，ピネドは金の流出入によって貿易が左右される金本位制を不合理なものとし，それに代わるものとして為替管理政策を位置づけていた。さらに，ウェイルによると，ピネドは「ドイツ型の為替規制」とは異なる，より柔軟な為替管理政策を追求していたようである[38]。実際，以下でみていくように，アルゼンチンの為替政策はドイツのように肥大化した官僚的統制による非効率性から免れつつも，同じ時期の農業国のそれとは比較にならないほど，創意工夫に満ちた斬新なものであった[39]。では，その内容をみていこう。

⑵　封鎖ペソ問題の解決

第Ⅰ章でみたように，19世紀末以降，イギリスはマーチャント・バンクを介してアルゼンチンの公債に巨額の投資を行う一方で，民間部門に対する投資も積極的に行っていた。その結果，アルゼンチンの公共事業会社（電気，ガス，水道），鉄道会社，土地開発会社，銀行，資源採掘会社，建設会社の大部分は，イギリス人によって所有・経営されていた。しかし，これらの企業は1931年10月にアルゼンチンで為替管理が導入されて以降，ペソをポンドに自由に交換できず，本国に対する送金ができなくなった[40]。この封鎖されたペソ資金，すなわち未払いの商業債務の問題について，イギリス商務院大臣ランシ

マン（W. Runciman）は以下のように回顧している。

「ヨーロッパに限らず世界各地で為替規制が行われているが，これは軍事的脅威にも匹敵する事態である。大きな商社は国家による送金妨害の犠牲になっていった。貿易業者のみならず，政府に対する支払いも滞っていた。では，どの程度の送金が妨げられていたのだろうか。イギリスの公共事業会社の場合，封鎖された資金は600万ポンドにもなる。これは，アルゼンチン国民にとっても重要な意味を持つ。また，100万ポンドの投資信託会社の資金が封鎖されていた。貿易関係の未払い債務は450万ポンドであり，そのうち50万ポンドは繊維製品の代金であった。」[41]

ベアリング商会の覚書によると，1933年2月時点で，少なくとも373社が送金不能に陥っていた[42]。**図表Ⅱ-7**は主要企業に関するデータである。この表には様々な会社がみられるが，とりわけ英系鉄道会社のBuenos Aires Great Southern RailwayとCentral Argentine Railwayの封鎖ペソが150万ポンドと巨額であることが目を引く。これら封鎖資金の蓄積は営業の継続を困難にするものであり，上記鉄道会社を含め封鎖ペソを抱える企業は，ロンドンの本社を通じて，英国政府に問題の早期解決を強力に要請していたと思われる。ロカ・ランシマン協定第2条の規定は，かかる要請に応えるものであった。

では，封鎖ペソ問題解決の経緯をみていこう。まず，ロカ・ランシマン協定第2条の規定に基づき，アルゼンチン政府が用意した1,200万ペソが使用されたが，これにより解消された封鎖ペソはごくわずかであった。したがって，封鎖資金の大部分は，第2条第4パラグラフの規定通りに，借換債の発行によって解消されていく。具体的には，1933年10月に13,526,335ポンド（171,581,423ペソ）分の発行が実現し，これにより大半の封鎖資金が借換債と交換された[43]。すなわち，借換債は債権者に対して，国立銀行，あるいはロンドンのベアリング商会において無記名債の形で引き渡されたのである[44]。なお，同債券は20年満期であったが，額面の7割程度で即座に現金化可能であった[45]。

しかし，大不況下において1,000万ポンドを超える公債の消化は困難をきわめた。そのため信託基金（United Kingdom and Argentine 1933 Convention

図表Ⅱ-7……英系企業の封鎖資金（1933年2月27日時点）

企業名	ペソ	ポンド
Buenos Aires Great Soutnern Railway	20,000,000	1,503,000
Central Argentine Railway	20,000,000	1,503,000
Pacific Railway	3,333,000	250,000
Buenos Aires Great Soutnern Dock Co.	1,850,000	139,000
Bahia Blanca Waterworks	250,000	19,000
Buenos Aires Western Railway	3,105,000	236,000
Shell Max	9,045,000	680,000
Gath y Chaves and Harrods	13,330,000	1,000,000
British American Tabacco Co.	1,000,000	75,000
Primitiva Gas Co. and Buenos Aires Waterworks	6,000,000	450,000
Anglo–American Tramways	1,700,000	127,500
River Plate Trust Loan and Agency Co.	1,500,000	112,000
Consolidated Waterworks of Rosario	1,150,000	86,000
Drainage Works of Rosario	450,000	34,000
Trust Agency Co. of Australasia	333,000	25,000
Anglo–Persian Oil.Co.	700,000	52,000
Argentine Northern Land Co.	250,000	19,000
Argentine Land and Investment Co.	4,073,000	306,200
Argentine Southern Land Co.	220,000	16,500
Rio Negro（Argentina）Land Co.	142,000	10,700
Tecka（Argentina）Land Co.	92,000	6,900
Cordova Land Co.	66,000	5,000
Port Madryn（Argentina）Co.	56,000	4,200
Summers	8,450,000	650,000
合計	97,095,000	7,310,000

出所：Gravil and Rooth, op. cit., p. 356 より作成。

Trust）が創設されることとなった。この基金にロカ借換債を持ち込めば，額面の20%を現金で，60%をC証券（C-certificates）と交換することが可能であり，1951年の満期まで待てば，額面の72%を現金で受け取ることができた[46]。かかる金融的工夫によって封鎖ペソ問題は解決されたのである。最大の債権国であるイギリスの封鎖ペソ問題の解決は，他の債権国の封鎖ペソ問題の

解決に帰結すると同時に，アルゼンチンの財政・金融にも大きな影響を与えることとなる。

(3)　輸出部門の再建 ……………………………………………………………………

　当初，アルゼンチンの為替管理の目的は，特にポンドとドルに切り下げた形でのペソ相場の安定化にあった。しかし，封鎖ペソ問題が解決をみたことで，アルゼンチンの為替管理政策はより複雑化していく。周知のように，為替管理が急激な複雑化を遂げた国はドイツである。ドイツでは外国為替の需給に影響する全取引の管理を試みた結果，官僚機構の著しい肥大化がみられた[47]。アルゼンチンにおいても同様の傾向はみられたが，複数為替相場制を利用した為替差益の捻出と，それを農業振興に利用した点でドイツのものとは大きく異なっていた[48]。以下，為替管理を利用したアルゼンチンの農牧業の支援策についてみていきたい。

　はじめに，農牧業救済の資金源となった為替差益基金（Exchange Margin Fund）についてみていく。これは 1933 年 11 月の政令により，国立銀行の特別勘定として会計監査局によって開設された基金である[49]。まずは，この基金がいかなる操作によって捻出されたかについてみていきたい。

　1933 年 11 月 29 日の政令により複数為替相場制が導入された。すなわち，ペソは①基準レート，②平均入札レート，③自由レート，以上 3 つのレートで交換されることとなった[50]。基準レートは 1 ポンド＝ 15 ペソであり，為替管理委員会はこのレートで為替を購入した。平均入札レートは 1 ポンド＝ 17 ペソ程度で推移し，輸入許可証を有する業者や個人の取引に適用された。自由レートは 1 ポンド＝ 19 ペソ程度で推移し，輸入許可書を持たない業者や個人の取引に適用された。一方，為替管理委員会は，基準レートで購入した為替を，最も高い値をつけた業者や個人に販売した[51]。これにより，平均して 20% の差額を獲得することができた。これが為替差益基金である。

　次に，この基金の使途についてみていこう。**図表Ⅱ-8** から 1933 年から 1938 年の間に累計で約 4 億 6,000 万ペソの収入があり，そのうち半分近くが「公債関係の支払い」と「各省の対外支払い」に使用されていることが確認で

図表Ⅱ-8……為替差益基金の支出入

（単位：1,000 ペソ）

	1933–37 年	1938 年	合計
収入			
為替差益	389,643.7	71,682.1	461,325.80
利息等の収入	890.4	1,344.9	2,235.3
支出	390,534.1	73,027.0	463,561.1
公債関係の支払い	203,513.1	16,728.7	220,295.8
各省の対外支払い			
内務省	125.7	15.4	141.1
外務省	4,739.6	1,213.7	5,953.3
財務省	1,099.7	—	1,099.7
法務省	38.8	—	38.8
陸軍省	17,003.2	845.8	17,849.0
海軍省	7,326.7	775.1	8,101.8
公共事業省	2,974.7	—	701.9
農務省	698.0	417.9	1,193.7
為替管理局	775.8	417.9	1,193.7
穀物委員会			
運営費	1,777.6	7.5	1,785.1
価格保証に伴う損益	5,588.3	−365.1	5,223.2
乳業委員会			
運営費	1,665.7	7.0	17,672.7
販売促進費	5,181.20	−300.7	4.880.5
乳業管理局			
運営費	—	486.8	486.8
綿業委員会			
運営費	1,526.5	1,369.2	2,895.7
販売促進費	663.0	160.4	823.4
準備金	260.5	—	260.5
食肉輸出促進委員会			
運営費	241.8	—	241.8
販売促進費	2,453.9	—	2,453.9
穀物貯蔵施設管理委員会			
運営費	529.5	641.5	1,171.0
建設費	—	11,061.50	11,061.50
準備金	134.1	−134.1	—
食肉委員会			
販売促進費	10,035.7	865.1	10,900.8
収支	122,181.6	39,173.4	161,355.0

出所：Salera, op. cit., p. 272 より作成。

きる。前者については，どの程度が外債であったかを把握できないが，内国債の整理に関わる手数料等の支払いに使用された。これについては後述する。

　また，**図表Ⅱ-8**をみると，為替差益は各種委員会の運営資金として使用されていることが確認できる。注目すべきは，これらの委員会は，綿業委員会を除くと，穀物委員会，乳業委員会，および食肉委員会等，農牧業に関する委員会である点である。また，その額をみても，為替差益基金の大部分はこれらの委員会によって使用されていたことが確認できる。では，これらの委員会の業務について，穀物委員会を例にみていきたい。

　穀物委員会は国立銀行から借り入れ，生産者から小麦を一括して購入していた。同委員会は，生産者から世界市場価格よりも10〜15% 高い基準価格で各種穀物を購入し，市況をみて輸出したのである[52]。**図表Ⅱ-9**をみると，世界的に小麦価格が低迷していた1933年末から1934年の上半期にかけて大規模な買い上げを実施し，価格が上昇した1934年半ば以降には買い上げを停止して

図表Ⅱ-9……穀物委員会による小麦の売買

（単位：トン）

	購入	取消し	販売	月末の在庫
12月（1993年）	571,450	2,700	28,171	540,579
1月（1934年）	1,512,653	8,059	477,153	1,568,020
2月	925,356	2,240	295,802	2,195,334
3月	423,577	3,009	475,039	2,140,863
4月	392,578	3,366	159,712	2,370,363
5月	174,253	3,539	1,153,141	1,387,936
6月	10,112	27,151	136,718	1,234,179
7月	635	12,859	355,722	866,233
8月	145	7,087	103,110	756,181
9月	20	4,136	191,599	560,286
10月	―	115	181,117	379,054
11月	1,350	―	213,251	167,153
12月	―	―	115,445	51,708
1月（1935年）	―	―	51,708	―
合計	4,012,129	74,441	3,927,688	―

出所：Salera, op. cit., p. 105 より作成。

いることがみてとれる。この結果，1935年1月には穀物委員会が抱えていた在庫が一掃されている。なお，小麦と同様の政策が亜麻仁やトウモロコシについても実施された。

　また，穀物委員会は，国立銀行から4%の利率で借り入れた資金を農家に貸し付けていた。貸出利率は6%，満期は180日，貸出上限は2万ペソであった[53]。また，食肉関係の委員会も，畜産農家の繁殖用動物や血統書付き動物の購入資金の貸付等を行っていた[54]。具体的には，動物の価格の85%を担保とし，利率は6%で貸し付けられ，元金は180日後に10%，360日後に20%，540日後に30%，残り40%は720日後に償還されることとなっていた[55]。

　以上のように，当時のアルゼンチンの農牧産品生産者には手厚い保護が与えられており，そのための資金は，複数為替相場の設定と，政府や政府系銀行を介した複雑な金融的操作によって捻出されていた。かかる資金的援助が，一次産品価格の低下に悩んでいた農牧生産者の救済に大きく役立ったことは間違いないであろう。しかし，同時に上記の救済措置はもっぱら輸出産業の救済を目的としていたことに注意すべきである。すなわち，それは対外利子・配当支払いの着実な履行を担保する措置であり，その意味ではイギリス金融利害に合致した政策であったといえよう。

　しかし，ピネドや「ピネド・グループ」は，イギリス金融利害の保全を意図して買い上げや貸付等の政策を実施していたわけではない。当時，アルゼンチンの農村部にはアメリカやカナダの農村部でみられた穀物貯蔵庫がなく，農民は農産物の保管とそれに伴う貸付の便宜を受けることができなかった[56]。一方で，倉庫業者や巨大輸出貿易商が，高利での貸付や低価格での農産物の買い上げと転売によって不当な利得を得ていた[57]。ピネドはかかる状況を改善し，近代的農牧業の確立を目指していたのである。すなわち，「コラボレーター」が自らの思惑に従って行動した結果，イギリス金融利害が保全されたのである。イギリスの「非公式支配」は，「公式の支配」とは対照的に，現地の協力者である「コラボレーター」の行動に大きく依存していたといえよう。

48

⑷ **公的債務の整理**……………………………………………………………………

　一方で，膨大な発行額に達していた内国債の統合と低利借換えも進められて
いった。言うまでもなく，これらはイギリスによる外交・軍事的圧力によって
強制されたわけではなく，アルゼンチン政府が主体的に実施したことである。
しかし，以下でみていくように，そのきっかけがロカ借換債の発行であった点
は注目すべきである。また，公的債務の整理によってアルゼンチンの財政基盤
が強化され，借手国としての信用が高まった点において，シティ金融利害の意
向に沿う政策であったことは間違いないであろう。

　さて，**図表Ⅱ-10，Ⅱ-11** をみると，1927〜32 年の大恐慌期において，ア
ルゼンチンの外国債が一定の発行額に抑えられているのに対し，内国債の発行
額は著増していることが確認できる。内国債合計（最下段）をみると，1927
年の 14 億ペソ程度から 1932 年の 30 億ペソ弱へと，およそ 2 倍近く拡大して
いることがみてとれる。長期債については，同期間において 10 億ペソ程度か
ら 18 億ペソ程度へと 2 倍弱の拡大を示している。とりわけ，1933 年には総額
3 億 4,520 万ペソにも及ぶ巨額の公債（「愛国債」）が発行された（**図表Ⅱ-10**：
6% Patriotic Loan, 1932, Series I, II, III, IV）。これは主に公務員に対する未払い
給与の支払いを目的としていた[58]。短期債については，同期間に 4 億ペソ程度
から 11 億ペソを超える程度にまで，すなわち 3 倍程度にまで拡大している。
これは，大蔵省証券の発行額が増えたことに加え，国立銀行や兌換局による政
府への貸付金が増えたことが理由である。アルゼンチン政府は，大不況期の財
政難を銀行からの借入れで賄っていたのである。

　さて，かかる膨大な公債の整理・借換のきっかけとなったのは，先にみた封
鎖ペソ問題の解決である。アルゼンチンはイギリスとの封鎖ペソ問題の解決を
先例として，スイス，アメリカ，イタリア，スペインの債権者との交渉を進め
ていった。その結果，ロカ協定借款（Roca Agreement Loans）と呼ばれるスイ
ス・フラン債，ドル債，リラ債，そしてペセタ債の発行によって，上記諸国と
の封鎖ペソ問題を解決することができた（**図表Ⅱ-11** の網掛け部分）。

　封鎖ペソ問題解決の目途がたったことを受け，為替管理委員会は国立銀行を

図表 II-10……アルゼンチンの公的債務（内国債）

【長期債】

	1927年	1928年	1929年	1930年	1931年	1932年	1933年	1934年	1935年	1936年	1937年
1927年以前に発行された公債（金建て）括弧内は金ペソ	430.1 (189.2)	416.6 (183.3)	402.5 (177.1)	387.9 (170.7)	373.8 (164.5)	359.2 (158.0)	210.5 (92.7)	164.2 (72.2)	58.2 (25.6)	15.6 (6.8)	—
1927年以前に発行されたもの（ペソ建て）	621.6	608.3	594.8	580.2	564.4	547.3	10.4	10.0	10.0	10.0	10.0
6% Internal Loan, 1925, Series III	—	39.7	39.3	38.8	38.3	37.7	—	—	—	—	—
6% Sanitary Works Bonds, 1928, Series I and II	—	24.9	24.6	24.4	24.1	23.7	—	—	—	—	—
6% Internal Consolidation Loan, 1928	—	7.7	7.5	7.3	7.1	6.9	—	—	—	—	—
6% Internal Loan	—	7.5	7.4	7.3	7.2	7.1	—	—	—	—	—
6% Railway Bonds, Series III	—	0.8	0.8	0.7	0.7	0.7	—	—	—	—	—
5% Internal Loan	—	1.0	1.0	1.0	1.0	0.9	—	—	—	—	—
6% internal Loan, 1926	—	49.9	49.3	48.8	48.2	47.5	—	—	—	—	—
6% Sanitary Works Bonds, 1929	—	—	19.9	19.7	19.5	19.3	—	—	—	—	—
6% Internal Loan, 1927	—	—	70.0	69.5	68.7	67.7	—	—	—	—	—
6% Internal Consolidation Loan, 1929	—	—	1.0	1.0	0.9	0.9	—	—	—	—	—
6% Internal Loan, 1926, Series II	—	—	6.4	6.4	6.3	6.2	—	—	—	—	—
6% Sanitary Works Bonds, Series IV	—	—	—	14.9	14.8	14.6	—	—	—	—	—
6% Sanitary Works Bonds, 1930	—	—	—	20.0	19.8	19.6	—	—	—	—	—
6% Internal Loan, 1929, Series I	—	—	—	—	69.4	68.5	—	—	—	—	—
6% Internal Loan	—	—	—	—	10.0	9.9	—	—	—	—	—
6% Internal Loan, 1930, Series I	—	—	—	—	129.7	128.1	—	—	—	—	—
6% Internal Loan, 1932	—	—	—	—	—	39.9	—	—	—	—	—
6% Internal Loan	—	—	—	—	—	20.0	—	—	—	—	—
6% Internal Loan, 1932	—	—	—	—	—	5.2	—	—	—	—	—
6% Internal Loan, 1932	—	—	—	—	—	35.0	—	—	—	—	—
6% Patriotic Loan, 1932, Series I, II, III, IV	—	—	—	—	—	345.2	—	—	—	—	—

5% Patriotic Loan, 1934, Series I, II	—	—	—	—	—	—	329.6	318.5	146.0	144.3	142.5
5% Internal Loan, 1934, A, B, C, D, E, F	—	—	—	—	—	—	1,272.6	1,269.1	1,255.5	1,241.2	1,226.2
4½% Internal Loan, 1934	—	—	—	—	—	—	—	50.0	123.0	247.4	246.0
4½% Internal Loan, 1935	—	—	—	—	—	—	—	—	250.0	298.5	296.9
4½% and 4% Internal Loan, 1936	—	—	—	—	—	—	—	—	—	300.0	298.0
4% Internal Loan, 1937	—	—	—	—	—	—	—	—	—	—	199.0
3% Consolidated Treasury Bonds	—	—	—	—	—	—	—	—	400.0	399.0	398.0
Guarantee Bond	—	—	—	—	—	—	—	—	118.9	118.9	118.9
長期債合計	1,051.7	1,156.4	1,224.5	1,227.9	1,403.9	1,811.8	1,823.1	1,811.8	2,361.6	2,774.9	2,935.5
[短期債]											
Treasury Bonds	—	—	—	—	23.1	3.9	—	—	—	—	—
Treasury Bills	341.1	362.4	362.4	411.6	463.1	456.5	439.6	443.0	38.0	109.0	137.9
Conversion office	—	—	—	—	—	166.5	153.4	145.3	—	—	—
Debt to the Banco de la Nación	28.8	87.0	180.1	248.4	259.9	265.6	274.8	278.9	—	—	—
Debt to other banks	8.0	13.8	4.5	14.4	32.5	32.5	32.5	33.0	22.5	—	—
Railway debt	2.2	—	—	—	—	—	—	—	—	—	—
過年度の負債（国会で承認）	—	—	—	—	—	41.7	35.1	7.3	12.5	6.5	4.3
教育委員会と自治体（市）に対する負債	—	26.4	29.3	35.3	35.6	11.9	9.7	7.9	13.4	11.4	16.3
Unpaid commitments	—	136.0	221.7	226.5	322.2	114.7	107.9	155.4	127.1	136.8	136.8
Various creditors	—	11.3	12.2	29.5	30.4	29.5	30.0	31.0	28.6	84.5	45.9
Treasury bills	28.3	—	—	—	—	—	3.4	1.4	—	—	—
Loan from L. Dreyfus and Co.	—	—	—	—	—	—	—	2.3	—	—	—
短期債合計	408.4	636.9	810.2	965.7	1,166.8	1,123.8	1,086.4	1,105.5	242.1	348.2	341.2
内国債合計	1,460.1	1,793.3	2,034.7	2,193.6	2,570.7	2,934.9	2,909.5	2,917.3	2,603.7	3,123.1	3,276.7

出所：EIS, *Public Finance, 1928–1937, XXXV, Argentine, League of Nations*（*The League of Nations Economic Statistical Series, 1910–1945, Book 54*）p. 21 より作成。

図表Ⅱ-11……アルゼンチンの公的債務（外国債）

	1927年	1928年	1929年	1930年	1931年	1932年	1933年	1934年	1935年	1936年	1937年
【長期債】											
1927年以前に発行されたもの（金建て）	419.2	425.8	410.9	398.2	383.7	364.6	347.1	334.1	323.0	315.0	—
Irrigation Bonds	4.9	4.8	4.6	4.5	4.3	4.1	3.9	—	—	—	—
Municipal Loan	9.8	9.3	8.9	8.4	7.9	7.3	6.7	—	—	—	—
Sanitation Works	13.4	12.1	10.8	9.4	7.9	6.4	4.8	—	—	—	—
Buenos Aires Harbour Works	4.2	3.8	3.4	2.9	2.5	2	1.5	—	—	—	—
Buenos Aires Extension Works	20.7	20.3	19.9	19.4	18.9	18.3	17.7	17.1	—	—	—
4%Conversion of Provincial Loans, 1900	13.5	13.1	12.9	12.6	12.3	12.0	11.6	11.3	10.9	10.9	—
4½% Conversion Loan, 1934	—	—	—	—	—	—	—	34.4	68.9	68.5	—
合計（金ペソ）	485.7	489.2	471.4	455.4	437.5	414.7	393.3	396.9	402.8	394.4	280.1
合計（紙ペソ）	1,103.8	1,111.8	1,071.4	1,034.9	994.2	942.5	893.9	902.0	915.6	896.3	—
Roca Agreement Loans（ペソ建て）											
4% 1933, in £	—	—	—	—	—	—	171.6	171.6	171.6	171.6	171.6
4% 1933, in Swiss francs	—	—	—	—	—	—	75.3	76.4	76.3	76.3	76.3
2% 1933, in $	—	—	—	—	—	—	60.2	57.8	55.2	52.8	50.4
4% 1933, in £	—	—	—	—	—	—	16.8	16.8	16.8	16.8	16.8
2% 1933, in lire	—	—	—	—	—	—	—	9.7	7.8	5.8	3.9
2% 1934, in pesetas	—	—	—	—	—	—	—	—	5.6	4.4	3.1
3½% Conversion Loan, 1936, in £	—	—	—	—	—	—	—	—	—	—	28.4
4½% Conversion Loan, 1936, in $	—	—	—	—	—	—	—	—	—	—	54.6
4% Conversion Loan, 1937, in $	—	—	—	—	—	—	—	—	—	—	247.3
ロカ借換債合計	—	—	—	—	—	—	323.9	332.3	333.3	327.7	652.4
長期債合計	1,103.8	1,111.8	1,071.4	1,034.9	994.2	942.5	1,217.8	1,234.3	1,248.9	1,224.0	932.5
【短期債】											
Loan in the United States, $50 million	—	—	—	117.8	56.3	51.6	46.9	36.5	27.4	18.2	9.1
Loan in the United Kingdom, £5 million	—	—	—	57.2	14.3	11.5	10.0	—	—	—	—
短期債合計	—	—	—	175.0	70.6	63.1	56.9	36.5	27.4	18.2	9.1
外国債合計	1,103.8	1,111.8	1,071.4	1,209.9	1,064.8	1,005.6	1,274.7	1,270.8	1,276.3	1,242.2	941.6

出所：EIS, *Public Finance, 1928–1937*, XXXVI, *Argentine*, League of Nations（*The League of Nations Economic Statistical Series, 1910–1945, Book 54*）p. 21 より作成。

通して毎月 25 万ポンド分の外国為替を自由市場で販売することを許可した[59]。すなわち，封鎖ペソ問題の解決により自由為替市場が復活したのである。これにより自由レートと公定レートを利用した為替差益基金が創出され，この資金の一部が公債に関わる費用として支出されていたことは，先述の通りである。このように，封鎖ペソ問題の解決は公的債務の整理・借換と密接な関係を有していたのである。

　さて，1933 年 11 月 11 日の政令に基づき，内国債の整理・低利借換えが実行に移されていく。まずは長期債が回収され，2 種類の新規公債に整理・統合された（**図表Ⅱ-10** の網掛けの部分）。ともに利子率は 5% であり，借換え促進のため銀行とブローカーに額面 1/8% の手数料が，借換えに応じた旧公債の保有者に対しては額面 1% のプレミアムがつけられた[60]。かかるインセンティブが与えられた結果，総額は 15 億 9,820 万ペソの既発行債が借り換えられ，年間 1 億 2,740 万ペソの利払いは 9,660 万ペソにまで減少することとなった[61]。さらに，1934 年，1935 年，1936 年，1937 年にも利率 4%～4½% の借換債が発行された。

　図表Ⅱ-10 をみると，短期債の発行額も大幅に縮小したことがみてとれる。1927～34 年において 3～4 億ペソ程度で推移していた大蔵省証券（Treasury Bills）の発行額は，1935 年には 3,800 万ペソにまで急減した後，1 億ペソ程度の発行額に落ち着いている。また，1930 年から 2 億 5,000 万～3 億ペソ程度で推移していた国立銀行からの借入れ（Debt to the Banco de la Nación）も，1935 年にはゼロとなっている。また，1932 年から 1 億 5,000 万ペソ強で推移していた兌換局（Conversion office）からの借入れも，1935 年にはゼロとなっている。この結果，1930 年には一時 10 億ペソを超えた短期債は，1935 年には 2 億 4,210 万ペソにまで激減している。

　内国債の整理と並行して外国債の低利借換えも進められた。1934 年 5 月，ベアリング商会とモルガン・グレンフェル商会（Morgan Grenfell & Company）が主幹事行となり，借換債（4½% Conversion Loan, 1934，年 ½% の減債基金積み立てによる償還，1986 年最終償還年）が発行された。1934～35 年の間に第 3 トランシュまで発行され，各種公共事業のために自治体が発行した高利の外

国債の借換えが行われた[62]。この結果，年間140万ポンドの利子・配当支払いが節約された[63]。その他，ドル建て債券の低利借換えも実施された（**図表Ⅱ-11**中の 4½ Conversion Loan, 1936 と 4% Conversion Loan, 1937）。

　以上，アルゼンチンにおける公的債務の整理についてみてきたが，重要な点を確認しておこう。繰り返しになるが，公的債務整理の前提となったのは，ロカ借換債の発行であった点である。すなわち，「ロカ協定借款の成功→自由為替市場の復活→為替差益基金の創出→公的債務整理」という流れを改めて確認しておきたい。次に，アルゼンチンの公的債務の整理は，イギリス金融利害にとっても重要な意味を持っていた点である。すなわち，内国債と外国債の統合と低利借換えは，同国の財政基盤を強化し，国家の信用を高める効果を有したのである。このことが，同国の対外利子・配当支払いの安定的履行に貢献したことは間違いないであろう。

小括

　先行研究はロカ・ランシマン協定を，イギリス産業利害の保護を目的とした輸出促進策として解釈してきた。しかし，これまでみてきたように，ロカ・ランシマン協定の核心部分は，借換債の発行を規定した第2条であった。この借換債の発行をきっかけとして，アルゼンチンの為替管理体制は高度化することとなった。すなわち，為替管理委員会は封鎖ペソ問題を解消した後，輸出部門の立て直しによって，利子・配当支払いを継続的に行うことが可能な体制を構築したのである。また，1927年以降膨大な発行額に達していた内国債の借換えも実現し，アルゼンチンの信用は高まることとなった。アルゼンチンの為替管理体制は，まさにシティ金融利害の思惑に沿う形で再編されたのである。このように，1930年代においてイギリスのアルゼンチンに対する金融的影響力は強化されたと総括することができよう。

　しかし，かかる事態の進展において，アルゼンチンの「コラボレーター」が果たした役割はきわめて大きかったことに注目すべきである。19世紀半ばから政治権力を握ってきたオリガルキアは，自由貿易政策を掲げ，巨額の海外投

資を敢行するイギリスとの関係を自らの政治・経済権力の礎石とみなしていた。しかし，一方で彼らは，自由放任主義とは相反する補助金政策や価格安定化策の実施を受け入れる，きわめて柔軟な保守層であった。もっとも，かかる柔軟性は，経済政策を担ったピネドやプレビッシュの有能さに求めることができるかもしれない。しかし，オリガルキアが彼らの自由な活動を許す政治的環境を提供したことも事実である。いずれにせよ，アルゼンチンの事例は，「非公式支配」における「コラボレーター」の存在の重要性を明確に示しているといえよう。

　しかし，このような「コラボレーター」の柔軟性は，「非公式支配」の終焉を導く原因にもなっていく。アルゼンチン・ナショナリストは，イギリスの債権者とオリガルキアとの共謀により，工業国化の途が閉ざされ，自立的国民経済の誕生が阻害されたと声高に主張した。かかるナショナリストの扇動は民衆の心を捉え，最終的に人民の広範な支持を得たペロン（J. D. Perón）が政権を奪取する背景となっていく。周知のように，ペロンは1948年の英系鉄道の国有化や，重化学工業を主軸とする輸入代替工業化を推進していくが，これらの政策によって英・アルゼンチン間の密接な貿易・金融関係は終わりを迎えるのである。

注

1　両大戦間期に多角的決済システムが機能不全に陥った基底的理由は，アメリカの急速な経済的台頭に求めることができる。とりわけ，イギリスの主な海外投資先であった「新入植地域」に対するアメリカの輸出攻勢は，イギリスを基軸とする貿易・決済関係に歪みを与えたと思われる。これについては，佐藤純「1930年代におけるイギリス二国間通商政策の展開―多角的貿易システムとの関連で―」『東北学院大学経済学論集』第193号，2020年，3月，pp. 2-7を参照されたい。

2　山本和人『戦後世界貿易秩序の形成―英米の協調と角逐―』ミネルヴァ書房，1999年，第I部第3節；T. Rooth, *British Protectionism and the International Economy: Overseas Commercial Policy in the 1930s*, Cambridge University Press, 1992, pp. 146-158. 従属論に依拠する戦後の研究としては，J. F. Foder and A. G. O'Connell, "La Argentina y la Economía Atlántica en la Primera Mitad del Siglo XX," *Desarrollo Económico*, Vol. 13, No. 49, 1973; R. Gravil and T. Rooth,

"A Time of Acute Dependence: Argentina in the 1930s," *Journal of European Economic History*, Vol. 7, pp. 2-3, 1978 がある。

3 代表的なものとして，R. and J. Irazusta, *La Argentina y el Imperialismo Británico*, Editorial Independencia S. R. L, 1934; J. L. Torres, *La Década Infame*, Editorial de Formación "Patria", 1945.

4 P. J. Cain and A. G. Hopkins, *British Imperialism: Crisis and Deconstruction 1914-1990*, Addison-Wesley Longman Ltd, 1993（木畑洋一・旦祐介訳『ジェントルマン資本主義の帝国 II ― 危機と解体 1914-1990―』名古屋大学出版会，1997 年）邦訳 109-114 頁。なお，アルハーデフはナショナリストや従属論者の研究は，ロカ・ランシマン協定の貿易面の意義に注目するあまり，金融的意味については検討すらしていない，と批判している（P. Alhadeff, "Dependency, Historiography and Objections to the Roca Pact," in C. Abel and C. M. Lewes eds., *Latin America, Economic Imperialism and the State: The Political Economy of the External Connection from Independence to the Present*, The Athlone Press, 1985, Chap. 18, p. 368）。

5 経済発展の段階に応じて，国内貯蓄と投資のバランスが変化し，国際収支構造が変化していくという理論。経済発展に伴い，①未成熟な債務国→②成熟した債務国→③債務返済国→④未成熟な債権国→⑤成熟した債権国→⑥債権取崩国という順に変化していく（明治安田生命保険相互会社運用企画運用部調査グループ編著『プロフェッショナル用語辞典経済・金融』日経 BP 社，2011 年，229 頁）。

6 Economic Intelligence Service（以下「EIS」），*Balances of Payments 1931 and 1932 including an Analysis of Capital Movements up to September 1933*, League of Nations, Geneva, 1933, p. 17（*The League of Nations Economic Statistical Series, 1910-1945, Book 23*, Kyokuto Shoten, 1987）

7 1930 年の税収は，1928 年の 88.7% のレベルにまで低下したが，主な理由は輸入貿易の減少による関税収入の減少であった。なお，かかる減収を補うため，1932 年 1 月にはアルゼンチンで初めて所得税が導入された。上記については，EIS, *Public Finance, 1928-1937, XXXV, Argentine*, League of Nations, Geneva, 1938, p. 7（*The League of Nations Economic Statistical Series, 1910-1945, Book 54*, Kyokuto Shoten, 1987）を参照。

8 V. Salera, *Exchange Control and the Argentine Market*, AMS Press, 1968, p. 56.

9 Ibid., p. 56.

10 Ibid., p. 60.

11 Ministerio de Hacienda, *El Control de Cambios*, Buenos Aires, 1938. なお，この未公刊資料にはページ数の記載がない。

12 Economic and Financial Committees, *Report on Exchange Control submitted by a Committee composed of Members of the Economic and the Financial Committees*, League of Nations, Geneva, 1938, p. 22.

13 J. H. White, *Argentina: The Life Story of a Nation*, The Viking Press, 1942, p. 317.

14 この時期のイギリスの通商政策の全体像を把握するには，H. W. Arndt, *The Economic Les-*

sons of the Nineteen-Thirties, Frank Casse & Co. Ltd., 1972（小沢健二／長部重康／小林襄治／工藤章／鈴木直次，石見徹訳『世界大不況の教訓』東洋経済新報社，1978 年）邦訳第 5 章が便利である。

15　石見徹『世界経済史―覇権国と経済体制―』東洋経済新報社，第 7 刷，2006 年，115 頁。

16　国際連盟経済情報局（佐藤純訳）『世界貿易のネットワーク』創成社，2023 年（改訂版）52 頁。

17　前掲訳書第 14 章と文末に収録した「多角的貿易論」を参照。

18　改めて確認すると，投資収益の「迂回的回収」とは，投資先であった一次産品生産諸国に対する輸入超過ではなく，工業諸国に対する輸入超過という形で，間接的に投資収益を回収していたことを意味している。資金の流れを示すと，「イギリス→工業諸国→一次産品生産諸国→イギリス」となる。

19　国際連盟経済情報局（邦訳）261 頁。だが，アメリカの急速な経済的台頭によって，多角的貿易システムは変質し，1920 年代において既に機能不全に陥っていたと考えられる。これについては，佐藤純「1930 年代におけるイギリス二国間通商政策の展開―多角的貿易システムとの関連で―」『東北学院大学経済学論集』第 193 号，2020 年，3 月，17-21 頁を参照されたい。

20　金本位制停止に至る経緯については，R. S. Sayers, *The Bank of England, 1891-1944*, Cambridge University Press, 1976（日本銀行金融史研究会訳『イングランド銀行（下）』東洋経済新報社，1979 年）邦訳第 17 章を参照されたい。

21　国際収支統計に出てくる項目の中で，「輸出」と「輸入」は大きな割合を占めている。輸出の拡大が見込めない状況で，国際収支を均衡化させる手段としては輸入の縮小ということになるが，それを実現する上で一般関税は最も有効な手段である。

22　20 世紀初頭に盛り上がりをみせたチェンバレン（J. Chamberlain）の関税改革運動は，シティ金融利害の反対によって挫折を余儀なくされた。彼の息子ネヴィル（N. Chamberlain）はオタワ会議に参加したが，1932 年に成立した帝国特恵体制は主にシティ金融利害の保全を目的とするものとなった。ケインとホプキンズは，帝国特恵体制について，以下のように総括している。「多くの意味でオタワ特恵制度は，イギリス人が何十年も白人自治領に資金を貸し付けていた結果，当然生じた制度であった。世界経済が順調な間は，イギリスが自由貿易を維持すれば義務は果たせたであろう。しかし 1930 年代，ひとたび国際貿易が困窮すると，大規模な債務不払いを防止するために主要債務国を優遇するある程度の差別は必要だったので，自由貿易は維持できなくなった。」P. J. Cain and A.G. Hopkins, *British Imperialism: Innovation and Expansion 1688-1914*, Addison-Wesley Longman Ltd., 1993（竹内幸雄・秋田茂訳『ジェントルマン資本主義の帝国Ⅰ―創生と膨張 1688-1914―』名古屋大学出版会，1997 年）邦訳 102 頁。

23　オタワ会議における各国代表の演説については，佐藤純「1932 年オタワ会議とオーストラリアの債務危機」『東北学院大学経済学論集』第 196 号，2021 年，12 月，9-11 頁を参

照されたい。

24 帝国外諸国との二国間通商協定については，佐藤純「1930 年代イギリスの帝国外諸国に対する二国間通商政策—アルゼンチンとデンマークの事例—」『東北学院大学経済学論集』第 199 号，2023 年，12 月を参照されたい。

25 協定の条文については，Convention between the Government of the United Kingdom and the Government of the Argentine Republic relating to Trade and Commerce with Protocol, May 1, 1933, HMSO, London, 1934【Cmd. 4310】を参照した。

26 補足協定は 1933 年 9 月に締結された。Supplementary Agreement between the Government of the United Kingdom and the Government of the Argentine Republic relating to Trade and Commerce with Protocol, Buenos Aires September 26, 1933, HMSO, London, 1934【Cmd. 4494】.

27 Imperial Economic Conference at Ottawa 1932; Summary of Proceedings and Copies of Trade Agreements, HMSO, London, 1932, p. 55.

28 R. Duncan, "The Demand for Frozen Beef in the United kingdom, 1880–1940," *Journal of Agricultural Economics*, Vol. 12, No. 1, 1956, p. 87.

29 急進党は 1916 年から 1930 年のクーデター発生まで政権の座にあった。同党は，政権の座につくまではデモやボイコットの手段を辞さなかったが，政権の座についてからは国際協調を重視すると同時に，過激な労働運動については容赦なく弾圧した。その意味では，イギリス金融利害にとって都合の良い政党であった。詳細は，増田義郎編『新版世界各国史 26 ラテン・アメリカ史 II 南アメリカ』山川出版社，2000 年，339–341 頁を参照されたい。

30 フストはウリブルが主導する軍事クーデターに参加した将校である。ウリブルがイタリア・ファシズムの影響を受けた国粋主義者であったのに対し，フストは国際協調主義的ですみやかな民政復帰を目指していた（増田編前掲書 342–343 頁）。また，フストは軍内の支持者が多いだけでなく，オリガルキアとそれを支持基盤とする保守政党との密接なつながりも有していた（A. Ciria, *Parties and Power in Modern Argentina, 1930–1946*, State University of New York Press, 1974, pp. 6）。

31 国民民主党は，ロカ・ランシマン協定を締結した副大統領ロカの父（同名）によって創設されたアルゼンチン初の本格的政党（Partido Autonomista Nacional, PAN）を祖としている。急進党の非主流派は，同党のカリスマ的指導者イリゴージェン（H. Yrigoyen）に対する個人的崇拝を否定する一派によって形成された。独立社会党は，社会党から独立した一派により 1927 年に結成された政党である。なお，"Concordancia" とは「一致」，「調和」という意味のスペイン語である。

32 「不名誉な 10 年」とは，1930 年から 1943 年のことである。本章注 3 で挙げたナショナリストのトーレスによって作られた言葉であるが，アルゼンチン政治史における学術用語としても定着している（Ciria, op. cit., p. 306.）。

33 R. Azaretto, *Federico Pinedo: Politico y Economista*, Emece, 1998, pp. 26-27.

34 第二次大戦後，国際連合ラテン・アメリカ委員会（Economic Commission for Latin America, ECLA）で活躍したプレビッシュは，不等価交換理論や「中心－衛星」理論で著名な人物である。しかし，1930年代のプレビッシュは，輸出主導型経済の維持を志向していたと思われる。この時期のプレビッシュについては，J. L. Love, "Economic Ideas and Ideologies in Latin America since 1930," in L. Bethell ed., *The Cambridge History of Latin America, Vol. 4*, Cambridge University Press, 1994, Chap. 7; E. J. Dosman, *The Life and Time of Raúl Prebisch, 1901-1986*, McGill-Queen's University Press, 2008, Chap. 4, 5 を参照されたい。

35 ウェイルは，フランクフルト大学で政治科学の博士号を取得した後，アルゼンチンの大手穀物輸出会社の取締役となった。1932～34年において財務省の経済アドバイザーを務め，所得税導入諮問委員会の常任委員であった。また，ブエノス・アイレスの大学で税や経済に関する講義も担当していた。ウェイルの経歴については，F. J. Weil, *Argentine Riddle*, The John Day Company Inc., 1944 のカバーを参照した。

36 Weil, op.cit., p. 158. ベセルは，ピネドの経済政策を前財務大臣ウエジョ（A. Hueyo）のそれと比較して「想像力に富み，創造性があった」と評価する一方で，それは政府内の「プレビッシュに率いられたチーム」のおかげだとしている（L. Bethell ed., *Argentina since Independence*, Cambridge University Press, 1993, p. 190）。当時プレビッシュは，財務省と農務省の特別アドバイザーを兼務しており，ピネドに大きな影響を与えたと考えられる。

37 Love, op. cit., p. 404.

38 Weil, op. cit., p. 160.

39 ピネドによる為替管理政策の高度化は，国会審議を経ることなく，政令の発布によって実行に移された。そのため，下院議員ディックマン（E. Dickmann）を中心とする社会党議員の批判にさらされ，ピネドは国会答弁を余儀なくされた。その際，ピネドは為替管理政策を土台として実施してきた政策を「経済行動計画」と称している（Ministerio de Hacienda y Agricultura dela Nación, *El Plan de Acción Económica ante el Congreso Nacional: Discursos de los Ministros Pinedo y Duhau*, Buenos Aires, 1934）。

40 アルゼンチンで営業する英系企業は，所得税，社債利子，配当金，および輸入代金を支払うために定期的な本国への送金が必要であった（Gravil and Rooth, op. cit., p. 356）。

41 House of Commons Debate, 10 May, 1933, Vol. 277, col. 1545. なお，英国下院議事録については，Hansard（online）を使用した。

42 Gravil and Rooth, op. cit., p. 356.

43 R. S. Stewart, "Anglo-Argentine Trade Agreements," *The Canadian Journal of Economics and Political Science*, "Vol. 2, No. 1, Feb., 1936, p. 24.

44 Ibid., p. 24.

45 Ibid.,

46 Ibid., p. 25.

47 Economic and Financial Committees, op. cit., pp. 39-40.

48 A. G. Kenwood and A. L. Lougheed, *The Growth of the International Economy, 1820-1960*, George Allen & Unwin Ltd., 1971（岡村邦輔・岩城剛・飯沼博一・長谷川幸生訳『国際経済の成長 1820-1960』文真堂，1985 年，改訂版第 3 刷）邦訳 190-191 頁。

49 EIS, *Public Finance*, p. 18.

50 Stewart, op. cit., p. 21.

51 Salera, op. cit., p. 99.

52 Stewart, op. cit., p. 20.

53 EIS, *Public Finance*, p. 18.

54 Ibid., p. 18.

55 Ibid.

56 アメリカやカナダの農家は，穀物貯蔵会社から「預かり証」（deposit-warrant）を受け取り，これを担保に銀行等から借り入れることができた（Weil, op. cit., p. 161）。

57 Ibid., p. 161.

58 EIS, *Public Finance*, p.20.

59 Ibid., pp. 22-23.

60 Ibid., p. 23.

61 Ibid.

62 Ibid., p. 25.

63 Ibid.

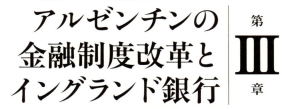

第III章 アルゼンチンの金融制度改革とイングランド銀行

本章の課題

1920〜44年においてイングランド銀行の総裁であったノーマンは，セントラル・バンキングの普及に熱心であり，イングランド銀行による中央銀行創設運動の対象となった地域は，「公式帝国」だけでなく「非公式帝国」にまで及んだ（**図表Ⅲ-1**）。アルゼンチンに対しても総裁顧問のニーマイヤー（Sir Otto Niemeyer）が派遣され，1935年にはアルゼンチン中央銀行（Banco Central de la República Argentina，以下「BCRA」）が創設された[1]。

当時のイングランド銀行は「正統な中央銀行」の総本山であり，ノーマンは各国の金融関係者のみならず，政府関係者にもカリスマ的影響力を持っていたとされる。ドスマンは，当時のブエノス・アイレスにおいては，英米の「マネー・ドクター」は，金融界，そして政界において「神のような名声」を博しており，彼らの福音なくしては中央銀行の創設には着手できないような雰囲気だったと記している[2]。

では，中央銀行創設を骨子とするアルゼンチンの金融制度改革において，イングランド銀行はいかなる形で，どの程度関与したのであろうか。『エコノミスト』特集号には，BCRA法の草案はニーマイヤーが作成したと記されている[3]。また，セイヤーズの著書には，イングランド銀行のパウエル（F. F. J. Powell）が技術顧問としてアルゼンチンに滞在し，金融制度の改革・育成に尽力したと記されている[4]。これらの叙述によると，BCRAはあたかもイングランド銀行の思惑に沿う形で創設されたような印象を受ける。だが，同行の創設や金融制度改革の実態は十分に究明されておらず，イングランド銀行が果たした具体的役割については不明な部分が多い。

しかし，イギリスのアルゼンチンに対する「非公式支配」について論じていく上で，この点を明らかにすることは必要不可欠の作業となる。なぜなら，イギリスにとって自らの影響下にある諸国の中央銀行は「諸刃の剣」だったからである。すなわち，それはスターリング・ブロック（sterling block）の番人，あるいは英国通貨当局の先兵となりうる一方で[5]，金融的自立化，あるいはイ

図表Ⅲ-1······両大戦間期における英国金融使節団の活動

国	年	結果	アドバイザー・機関
中・東ヨーロッパ			
オーストリア	1923	オーストリア国民銀行（中央銀行）成立	ニーマイヤー (O. Niemeyer) ストラコシュ (H. Strakosch) ※国際連盟を介して関与
ポーランド	1923	ポーランド国民銀行の中央銀行化	
ダンツィヒ自由市	1923	ダンツィヒ銀行（中央銀行）成立	
ハンガリー	1924	ハンガリー国民銀行の中央銀行化	
チェコスロバキア	1926	チェコスロバキア国民銀行成立	
エストニア	1927	エストニア銀行の中央銀行化	
ブルガリア	1928	ブルガリア国民銀行の中央銀行化	
ギリシア	1927 1932	ギリシア中央銀行成立 財政・金融制度改革	
ルーマニア	1932	ルーマニア国民銀行の再編 財政・金融制度改革	
イギリス帝国			
南アフリカ	1920	南アフリカ準備銀行成立	ストラコシュ
オーストラリア	1930	コモンウェルス銀行の中央銀行化 財政・金融制度改革	ニーマイヤー
ニュージーランド	1930	ニュージーランド準備銀行成立	ニーマイヤー
カナダ	1933	カナダ銀行（中央銀行）成立	マクミラン (H. P. Macmillam) アディス (C. Addis)
インド	1933	インド準備銀行成立	ハーヴェイ (E. Harvey) クレッグ (H. G. Clegg)
イギリス「非公式帝国」			
ブラジル	1931	ブラジル銀行の中央銀行化 （失敗）	ニーマイヤー
パラグアイ	1931	パラグアイ政府による派遣要請 （失敗）	ニーマイヤー
アルゼンチン	1932	アルゼンチン中央銀行成立	ニーマイヤー
エル・サルバドル	1934	エル・サルバドル中央準備銀行成立	パウエル
中国	1935 1941	幣制改革 / 対中借款実現	リース＝ロス (F. Leith-Ross) ニーマイヤー
エジプト	1936 1939	エジプト国民銀行の中央銀行化 （失敗）	ニーマイヤー

出所：筆者作成。

ギリスとの金融・経済関係の弛緩を促す可能性もある。つまり，BCRA がイングランド銀行の思惑通りに創設されたのであれば，それはイギリスによるアルゼンチンに対する「非公式支配」の事実を示すことになり，アルゼンチン側の思惑に沿って創設されたのであれば，金融的知識・技術が移転されたということになる。後者であれば，BCRA の創設は，むしろアルゼンチンの金融的自立化を促し，イギリスの金融的影響力を弱体化させることになろう。本章では，イングランド銀行の未公刊史料と BCRA の史料を用いながら，上記の点を明確にしていきたい。

　本章の構成は以下の通りである。1 では，BCRA 成立前のアルゼンチンの金融組織・制度について検討する。2 では，BCRA 成立に至る経緯，BCRA の組織・業務について検討する。3 では，イングランド銀行の監督下で行われたとされるアルゼンチンの市中銀行改革について検討していく。

1. 中央銀行成立前の金融組織・制度

(1) 金本位制下の金融組織 ··

　ここでは，金本位制下のアルゼンチンの金融組織・制度について概観した上で，1929 年恐慌によって，それがいかに変質したかについてみていく。

　中央銀行創設前のアルゼンチンは，金本位制を土台とした金融組織・制度であった。第 I 章で述べたように，アルゼンチンが金本位制を採用したのは 1899 年であり，第 3871 号法によって 1 金ペソ = 2.27 紙ペソの相場が確立された[6]。金本位制下のアルゼンチンの金融制度は，兌換局と市中銀行によって構成されていたが，前者は，通貨発行権を持つ唯一の機関であった[7]。すなわち，基本的には，兌換局が保有する金準備（地金と金貨により構成）の量に応じて，アルゼンチンの通貨発行量は決定されていたのである。

　しかし，アルゼンチンの金融制度は，国立銀行の存在によって独特なものとなっていた。1872 年に創設された同行は，資本金，預金量，現金準備，割引・貸出額，これらすべての点で他の市中銀行を圧倒していた[8]。また，理事は政

64

府によって任命され，政府に対する貸付や公債の引受けを行う一方で，他の市中銀行の手形に対する再割引業務も行っていた。したがって，銀行券を発行する権限はないが，「政府の銀行」「銀行の銀行」としての役割を果たしており，いわば準中央銀行とでも呼ぶべき存在であった。

図表Ⅲ-2は，金本位制下の金融組織・制度の概要を図で示しているが，①国立銀行を介して政府が金融組織・制度に影響を及ぼす余地があったこと，②市中銀行は兌換局と国立銀行，両者に対して密接な関係を有していたことが確認できる。すなわち，アルゼンチンの金融制度は，通貨供給量は兌換局の金準備のみならず，国立銀行による再割引の影響を強く受ける構造となっていた。パオレラとテイラーは，兌換局，国立銀行，市中銀行を「腐敗のトリオ」と呼んでいる[9]。当時のアルゼンチンの金融組織・制度は，インフレーションを惹起しかねない放漫さを特徴としていた。

さて，1929年恐慌の発生は，アルゼンチン政府に場当たり的な政策の実施を余儀なくさせた。すなわち，為替管理政策，兌換局による再割引，内国債の大規模な発行等の諸政策である。これにより，既存の金融組織・制度は大きく変質することになる。前章で検討した内容も含まれているが，改めてこれらの政策についてみていこう。

図表Ⅲ-2……金本位制下のアルゼンチンの金融組織・制度

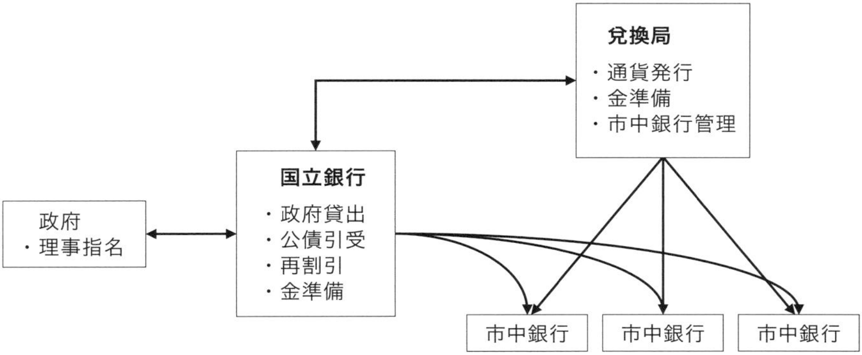

出所：筆者作成。

まず，為替管理政策である。19 世紀末葉から開始されたアルゼンチンの急激な経済成長は，主に食肉と小麦などの農牧産品輸出と欧米諸国からの資本輸入に依存する形で実現された。したがって，アルゼンチン経済は世界的な一次産品需要の拡大期には順調に成長したが，1920 年代後半における農産物の過剰生産恐慌の発生によって停滞を余儀なくされた。これにより，1927 年頃から紙ペソの対ポンド，ドル相場は急激に下がっていった。具体的には，1927 年の 1 ポンド当たり 11.5 ペソの相場は，1931 年には 15.5 ペソにまで下がった。一方，対ドル相場は，1927 年の 100 ドル＝236.2 ペソから，1930 年には 273.8 ペソにまで下落した[10]。アルゼンチン政府はかかる事態に直面し，1929 年 12 月に金本位制を停止し，1931 年 10 月には為替管理の実施に踏み切った。

　その後，為替政策は国際収支の均衡化を直接，あるいは間接的に目指すものへと変化していった。まず，1932 年 1 月には，貿易収支の黒字額に応じた債権諸国に対する為替の差別的配分を実施する。さらに，1933 年 11 月には，為替差益基金を創出し，この基金によって各種生産・販売統制委員会を創設・運営していくこととなった。これについては，前章で検討した通りである。このように，農産物輸出経済の衰退は，金本位制の維持を困難にし，輸出産業の保護を主たる目的とする為替管理政策の導入を余儀なくさせた。アルゼンチンの金本位制は農産物の輸出所得によって維持されてきたのであり，前者が後者を担保していたわけではなかったことを示している。

　次に，兌換局の再割引業務である。1929 年恐慌を原因とする貿易赤字の発生と対外借入の困難は，アルゼンチンからの金の流出を引き起こした。上述のように，1929 年 12 月には金本位制を停止していたが，国立銀行を介した兌換局からの金の国外流出は続いていた[11]。その結果，1928 年から 1933 年の間に兌換局の金準備は約半分の規模となり，それに伴い金準備率は 1929 年 12 月の 75.6% から 1932 年の 43.6% へと低下した[12]。

　かかる金の異常な流出は，通貨流通量の著しい縮小を招いた。そこで，第一次世界大戦中に制定された緊急法第 9479 号（再割引法）に基づいて[13]，1931 年 4 月にアルゼンチン史上初の平時における兌換局による手形の再割引が実施された。兌換局が国立銀行所有の手形を再割引したことで，一時的に減少傾向

にあった通貨流通量は増大し，1931年には金準備率が50%を下回ることとなった[14]。これは，国立銀行が兌換局という後ろ盾を得たことにより，市中銀行に対する貸付と手形割引を増大させたことによる。すなわち，手形の再割引の実施は，金準備という制約が取り払われたことを意味していたのである。

最後に，巨額の内国債発行である。1930年代はオリガルキアが支配力を強めたが，一方で輸入代替工業化の本格的進展と[15]，ペロン政権成立へと帰結していく労働運等の台頭がみられた時期でもあった。かかる状況において，コンコルダンシアは巨額の公債発行に依存した拡張主義的財政政策を実施し，かろうじて政権を維持していくのである。

確かに，コンコルダンシア成立前にも大量の公債が発行されていたが，第II章で検討した愛国債は以下の点で従来の公債と異なっていた。第一に，兌換局が直接引き受けた点，第二に，兌換局はそれを発券準備として資産項目に組み込んだ点である。従来は，国立銀行が公債引受を行っていたが，兌換局が直接公債を引き受けたのである。このことは，先述の手形の再割引業務の実行と合わせて，兌換体制の崩壊を意味すると同時に，管理通貨体制への途を切り開く出来事であったといえよう。

以上のように，アルゼンチン政府は1929年恐慌が引き起こした政治・経済的混乱に対処するために，従来みられなかった諸政策の実施を余儀なくされた。これらは，金本位制の基盤を掘り崩す性質を秘めており，当初は緊急の，あるいは臨時的政策として実施された。しかし，コンコルダンシアはこれらの政策をより統制のとれた形で，そして恒久的に実施することを追求していくこととなる。そこで必要となったのが中央銀行であり，中央銀行創設法案の作成に着手するのである。

⑵　ニーマイヤー報告書の検討

1933年3月24日，ブエノス・アイレスでニーマイヤー報告書が刊行された[16]。同報告書をみることで，イングランド銀行から派遣されたニーマイヤーが，BCRA成立前におけるアルゼンチンの金融，財政，そして経済全般について，どのように認識していたかを把握していこう。

第 1, 2 パラグラフにおいては，アルゼンチン経済全体の特徴について記されている。まず，ある国の銀行制度を効率的に機能させるには，その国の経済組織に適合させる必要があると記されている。その上で，輸出の 96% が農牧産品を占めるアルゼンチンは，産業構造が多様な国よりも経済変動の影響にさらされやすい点に注意を促している。

　第 3 パラグラフにおいては，アルゼンチンの信用制度は特殊な問題を抱えていると記されている。すなわち，産業と商業の需要が銀行信用に対して過度の影響を及ぼしており，暴力的な信用の拡張と収縮が生じる可能性がある，と指摘されている。

　第 4 パラグラフにおいては，アルゼンチンの銀行業が中央集権的，あるいは協調的に管理・運営されていないことが指摘されている。その上で，兌換局を中心とする通貨・金融制度においては，理論的には金の流出入によって通貨量は調節されるが，実際には同体制の硬直性ゆえに，信用量の突然の拡張と収縮が生じている点に注意が促されている。

　第 5 パラグラフにおいては，国立銀行について記されている。それによると，同行は兌換体制下において，信用量の拡張と収縮において大きな役割を果たしてきたと指摘されている。また，国立銀行は，国際収支の動向に応じて通貨流通量の調整を行うという重要な役割を果たしていたと記されている。

　第 6〜9 パラグラフにおいては，アルゼンチン政府による対外借入の問題点が指摘されている。まず，1923 年以降の過剰な借入れについて指摘されている。これによって，銀行の与信量が過度に増大し，インフレーションが惹起されてきたという。そして，資本輸入が中断した際には，アルゼンチン経済は危機に陥るであろうと警告されている。次に，借入金の使途が，輸出拡大に直結する資本財の整備ではなく，行政費の補填に使用されてきたと記されており，資本の使途が生産的ではないことが指摘されている。

　第 10 パラグラフにおいては，中央銀行を創設することによって銀行組織を協調させるべきであること，そしてそのために銀行業を規制するための法律が必要であると記されている。

　第 11 パラグラフにおいては，中央銀行制度は，固定レートに基づく為替市

場が回復されない限り効果的にはならないが，それを理由に中央銀行の創設を断念すべきではないと記されている。むしろ，かかる状況であるからこそ，市中銀行間の協調的行動が必要であり，そのために中央銀行が必要であると記されている。

第12パラグラフにおいては，中央銀行は，兌換局，国立銀行，そして為替管理委員会の諸機能を吸収すべきであること，預金銀行と政府の最終的な準備金を保有すること，発券と政府貸付に関する銀行業に責任を持つこと，再割引業務を行うこと，以上の点が指摘されている。

第13パラグラフにおいては，本報告書の計画は，全体が密接に関連しあっているので，全体の構成を崩壊させることなく，その一部分を改変することはできないと記されている。

第14パラグラフにおいては，中央銀行制度が成功するための条件として，中央銀行は独立した機関であるべきで，過度の，または特定の利害関係の影響を受けないようにすべきであると指摘されている。さらに，中央銀行は国家の究極の金融的準備を保有することになるので，その資産の流動性に注意を払うべきであること，そして，長期間の資金の固定化をもたらす貸出しをしないこと，さらにこれまで累増してきた政府債務を削減すべきであること，以上のことが指摘されている。また，政府の国立銀行からの借入れも削減すべきであると記されている。

第15パラグラフにおいては，中央銀行の発券に関して記されている。それは，上限の絶対額を定めることによってではなく，中央銀行による信用量の調整によってインフレーションを防ぐことができると指摘されている。

第16パラグラフにおいては，公債は，各州・省庁が別々に発行するのではなく，財務省が中央銀行のアドバイスの下で一括して発行すべきであると記されている。かかる方式を採用することによって，国家は効率的に資本市場を管理することができ，各借入主体は最も有利な条件での借入れが可能となると指摘されている。

第17パラグラフにおいては，中央銀行はペソ価値の維持に責任があることを踏まえれば，政府は対外借入をする際に中央銀行に対して助言を求めるべき

だと記されている。

　第18〜22パラグラフにおいては，中央銀行制度の成功には均衡財政の実現が必要不可欠であることが説かれ，また，その実現のために，アルゼンチンの財政制度を，統一的，明瞭，そして簡潔なものへと改革すべきであると記されている。

　第23パラグラフにおいては，市中銀行が中央銀行に対して一定の準備金を保有すべきであること，また，中央銀行に対して営業に関する報告義務を持つべきであると記されている。

　第24，25パラグラフにおいては，アルゼンチンのペソの安定化と為替管理政策に関しては，未だ適切なアドバイスをする時期ではないと記されている。

　第26パラグラフにおいては，同報告書は世界経済全体の回復を待つことなく，アルゼンチン国内で実施可能な財政・金融政策について検討したものであると記されている。

　ニーマイヤー報告書の骨子をまとめておこう。①中央銀行を中心に編成された集権的な金融制度の確立，②中央銀行の独立性の保証，③中央銀行への準備資金集中による規律ある発券体制の確立，④中央銀行体制を成功させるための均衡財政の維持・実現，以上である。このように，ニーマイヤー報告書は，アルゼンチン政府に対して，「正統な中央銀行」の創設と，それを担保する「中央銀行の独立性」と均衡財政の維持を要請するものであった。このことを踏まえ，以下で，実際にいかなる組織・機能を備えた中央銀行が創設されたのかをみていきたい。

2. 中央銀行の成立

　本節では，ニーマイヤーの役割と，実際に創設された中央銀行の組織・業務について検討していく。

(1)　ニーマイヤーの役割 ……………………………………………………………

　最初に，BCRA創設に関する3つの法案についてみていく[17]。**図表Ⅲ-3**は，

これらの法案の重要な点（「目的」「資本金」「理事会」「業務」「市中銀行との関係」「政府との関係」）について列記したものである。以下，この表に基づいて各法案の内容をみていこう。

1931 年 4 月の再割引実施直後に，財務大臣ウリブル（E. Uriburu）を委員長とする非公式の委員会が設置された。この委員会にはピネドとプレビッシュも委員として参加していたが，議論の中心は「いかに金本位制を修正するか」という点であった。委員会は，1931 年末には全 42 条から成る BCRA 法案を完成させ解散された[18]。

ウリブルの法案には金本位制の理念が色濃く反映されている。すなわち，銀行券の発行量は国際収支の状況によって規定される金の流出入の多寡によって決定されるべきであり，国家が介入する余地はないとするものである。したがって，**図表III-3** が示しているように，ウリブルの法案では資本，人事関係において政府との直接的関係が排除され，発券準備率も高率（40%）に設定されている。また，準備資産として認められるのは地金と金貨のみであった。なお，**図表III-3** には記載していないが，この準備率を下回って発行された銀行券については，35% までは 4% の税，35% を下回れば 8% の税が課せられることが規定されていた[19]。

さて，1932 年末にアルゼンチンを訪問したニーマイヤーは，同国の金融制度や経済状況の分析を踏まえ，1932 年 3 月にウリブルの法案に代わる新たな法案を作成した。ニーマイヤーは中央銀行の第一の使命は通貨供給量の維持であると考えており，それゆえ中央銀行の独立性の重要性を強調していた[20]。アルゼンチン政府に対してもこの原則を堅持することを要請し，**図表III-3** で示したように，法案においては BCRA の主たる役割は通貨量の調整にあることが明記され，中央銀行の政府に対する出資は禁じられていた。

また，これも**図表III-3** で示されているように，ウリブルやピネドの法案に比べ，市中銀行の預金準備率は高率となっている。当時，アルゼンチンには市中銀行を規制する法律は存在せず，準備率の設定については各行の裁量に任されていた[21]。この結果，4 つの巨大商業銀行と土地抵当銀行による縁故関係に基づく野放図な貸付が常態化しており，1930 年代半ばには国会においても不

図表Ⅲ-3······中央銀行創設法案の概要

	ウリブルの法案	ニーマイヤーの法案	ビネドの法案
目的	・金本位制の維持	・適正な通貨供給量の維持	・適正な通貨供給量の維持（公開市場操作を用いる）
資本金	・5,000万ペソ ・資本金100万ペソ以上の銀行が株式を引き受ける	・1,500万ペソ ・資本金100万ペソ以上の銀行が株式を引き受ける	・3,000万ペソ ・国家が株式の3分の1を引受け 残りは資本金100万ペソ以上の銀行が引受け
理事会	・総裁1名 理事10名 ・総裁は政府が指名 ・総裁の任期は10年（再選可）	・総裁1名　副総裁1名　理事7名 ・総裁・副総裁は株主総会で選出 ・総裁・副総裁の任期5年（再選可）	・総裁1名　副総裁1名 理事12名 ・総裁・副総裁は政府が指名 ・総裁・副総裁の任期は6年（再選可）
業務	・銀行券を独占的に発行（準備率40%） ・90日満期で2名のサインのある商業手形の再割引（農牧産品の取引における商業手形は180日満期）	・銀行券を独占的に発行（準備率25%） ・90日満期で2名のサインのある商業手形の再割引	・銀行券を独占的に発行（準備率25%） ・90日満期で2名のサインのある商業手形の再割引（農牧産品の取引における商業手形は180日満期） ・市中銀行に対する公債の売買（公開市場操作）
市中銀行との関係	・準備預金の義務づけ（預金の10%）	・準備預金の義務づけ（一覧払預金の20%・定期預金の10%）	・準備預金の義務づけ（一覧払預金の16%・定期預金の8%）
政府との関係	・政府の対外支払いのための送金 ・政府歳入の8分の1まで貸出し	・為替・銀行取引業務の代行 ・政府歳入の10%まで貸出し	・為替・銀行取引業務の代行 ・政府歳入の預金10%まで預金・割引の形で貸出し ・BCRAと政府との関係を財務省を介して維持 ・公債発行の実務や助言

出所：筆者作成。

良債権問題が議論されるようになっていた。かかる現状の改善を図り，ニーマイヤーは BCRA による市中銀行の厳格な規制を目指していたのである。

しかし，最終的に国会を通過したのはピネドが作成した法案であった。ピネドの目的は農牧業の振興によって外貨を安定的に確保しつつ，徐々に輸入代替産業を育成し，アルゼンチン経済の自立化を図ることにあった。ピネドは農牧産品輸出経済の維持を図るオリガルキアと，輸入代替工業化を目指す都市中間層の間にあって，両者のバランスをとりながら経済政策を策定・実行しようとしていた。その際，BCRA は自らの政策を効率的に実施する上で基軸となる機関と位置づけられていたのである。

上記のようなピネドの意図を踏まえ，彼が作成した法案の内容をみていこう。まず，目的がウリブルの法案とは明確に異なっている点が注目される。すなわち，ウリブルの法案は金本位制の理念を堅持していたのに対し，ピネドの法案は適正な通貨供給量の維持を第一の目的としていた。また，中央銀行の業務の１つとして「公債の売買」を組み込んでいる点を特徴としている。

しかし，ピネドの法案の最大の特徴は，中央銀行は国家の機関，具体的には国家の政策を金融面で支援するための機関として位置づけられている点である。このことは，資本金の３分の１を政府が出資すること，財務省の組織委員会が総裁・副総裁の人事権を持つことに表れている。実際，初代 BCRA 総裁に指名されたボッシュ（E. Bosch）は金融の知識がない老人であり，BCRA の実務は組織委員会が独占的に行うこととなった[22]。

さらに，業務に関して以下の２点を指摘しておく必要がある。ピネドの法案においては，第一に，ニーマイヤー法案と同様，通常の手形については満期90 日間としていたが，農牧産品の取引に伴って振り出された手形については，180 日満期の特例が認められている点である。第二に，他の２法案にはみられない公債売買に関する規定が盛り込まれている点である。これは，通貨供給量を調整するための公開市場操作を目的とする規定であった。これについては後に詳しく検討していく。

以上のように，ニーマイヤーの法案はピネドによって大きく修正されたことが明らかとなった。特に，ニーマイヤーが原則としていた中央銀行の独立性

は，ピネドの法案においては完全に無視されている点は注目に値する。最終的にBCRAは，いわば財務省の付属機関として創設されていくことになる。

では，ニーマイヤーはBCRAの創設において，いかなる役割を果たしたのであろうか。ピネドは後年，ニーマイヤーと彼の法案に関して以下のように回顧している。

「前の財務大臣は，経済問題について高名な外国人の専門家による助言を受けたが批判されなかった。軍事，エンジニアリング，化学の分野において，外国人の専門家に教えを乞うことができるならば，銀行業に精通した外国の専門家に助言を受けることができないという道理はないからである。（中略）……当時の集団心理においては，外国人の助言に従っていることを示せば，政府は主導権を発揮することができた。」[23]

上の引用から，国際的に著名な「マネー・ドクター」であったニーマイヤーの助言は，政府のBCRA創設法案にいわば「お墨付き」を与える役割を果たしたことが理解できよう。ピネドは自らの意図に沿った中央銀行を創設していく上で，ニーマイヤーの権威を利用したのである。シリアによると，ニーマイヤーの法案の骨子である中央銀行の独立性は無視される一方で，ニーマイヤー法案の「言い回しの」みは多用されたという[24]。すなわち，ニーマイヤーは中央銀行を創設するための外圧としての役割を果たしたにすぎず，彼の勧告に従う形でBCRAが創設されたわけではない。

上記の事実は，1935年3月21日の国会における進歩民主党（Partido Demócrata Progresivo）党首デ・ラ・トーレ（L. de la Torre）の批判をみても確認できる[25]。同日の国会は，陸軍大臣ロドリゲス（M. A. Rodriguez）の政府計画修正動議で幕を開ける。ロドリゲスは議長に対し，政府法案修正案のすみやかな可決を求めるが，デ・ラ・トーレによって阻まれ，その後，ピネドとの間で長時間の議論が続くこととなった。デ・ラ・トーレは，ニーマイヤーによって作成された法案が，大きく変更された理由を問うている。

第一に，政府が中央銀行の株式の半分を保有することになった点が指摘されている。それに対してピネドは，中央銀行の公的性格を強化するためと答えているが，デ・ラ・トーレはそれを詭弁だとしている。そして，ピネドの目的は

公的性格ではなく，政府の銀行としての性格を強化することにあると主張している[26]。

　第二に，総裁と役員の選出について指摘されている。ニーマイヤー法案では，中央銀行の総裁と副総裁は，株主総会で指名され，政府の承認を得て決定されることになっていたが，修正案では財務省の組織委員会により直接選出されることになった。これについて，デ・ラ・トーレは，ニーマイヤーが強調している中央銀行の政府からの独立性を維持するという原則にまったく反している，と批判している[27]。また，彼の批判は組織委員会の構成にも及んでいる。つまり，ニーマイヤー法案では，組織委員会のメンバーは，アルゼンチンで営業している外国銀行，国立銀行，そして割引委員会等の関係者から選出されることとなっていたが，修正案では組織委員会の委員長である財務大臣が選任することとなっていた。

　最後に，デ・ラ・トーレは，イギリス人の専門家によって精巧につくられた計画が，ピネドにより中央銀行に対する政府の「完全なる統制」を趣旨とする「土着の計画」(proyecto criollo) へと改変されたと総括している。実際，以下でみていくように，ニーマイヤー法案の趣旨は BCRA 法に反映されることはなかった。かくして，BCRA 創設におけるニーマイヤーの役割は形式的なものにとどまったのである[28]。

(2)　中央銀行の組織と業務

　1935 年 1 月 17 日，フスト政府は中央銀行関連法案を国会に提出した。2 カ月以上の審議を経た後，3 月 28 日に「中央銀行創設法」（法律 12,155），「銀行法」（法律 12,156），「銀行資本流動化機関」（法律 12,157），「組織法」（法律 12,160）が成立した[29]。ここでは，ニーマイヤー法案と比較しながら，中央銀行の組織・業務の実態についてみていきたい。

①　組織

　BCRA が創設された結果，アルゼンチンの金本位制を担ってきた兌換局は廃止され，その資産と発券業務は中央銀行に移管された。また，準中央銀行として

の役割を果たしてきた国立銀行は，金準備，政府債の引受け，および再割引業務を中央銀行に移管し，一商業銀行にすぎなくなった。さらに，為替管理委員会も廃止され，その資産と業務は中央銀行に移管された。かくして，1929年恐慌発生以降，場当たり的に導入された機関や業務は，すべて新設された中央銀行に集約され，恒久的な組織・業務として定着することになった（**図表Ⅲ-4**）。

さて，組織法は，中央銀行の組織に関する事項を扱う財務大臣を委員長とする委員会の設置を規定している[30]。この組織委員会の下で，兌換局や為替管理委員会の廃止と国立銀行の改組が断行された。さらに，BCRA創設後の市中銀行改革の実務も担っていくこととなる。すなわち，BCRA成立に伴う業務の一切はこの委員会が取り仕切っており，BCRAは事実上，財務省によって管理・運営されていたと言ってよい。かかる状況に対する危惧，すなわち中央銀行に対する政治的影響に対する懸念は，イングランド銀行からプレビッシュに充てられた以下の手紙において表明されている。

「ブリュッセル会議（Brussels Conference）以降，中央銀行に対する政治的干渉について多くの勧告がなされてきた。（中略）……この国（アルゼンチン）

図表Ⅲ-4……中央銀行体制の成立

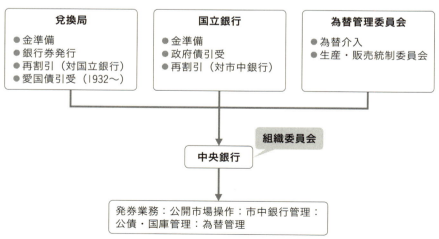

出所：筆者作成。

では，一歩先に行こうとする動きを感じる。つまり，議員の一部が中央銀行に介入する権利を要求し，国家の問題を政党政治のゲームにしてしまっている。（中略）……これは，国営銀行が政府の役人である財務人民委員の手に委ねられているソ連よりもひどい事態と言わざるをえない。」[31]

　引用中のブリュッセル会議とは，1920年9月に国際連盟金融委員会が主催した国際通貨会議である。同会議には39ヵ国の代表者が参加し，「財政の均衡」と「中央銀行の独立性」の重要性が確認された[32]。上の引用から，イングランド銀行は，同会議を想起させつつ，アルゼンチンにおいて中央銀行の独立性が担保されていないことを，プレビッシュに訴えていることがみてとれる。また，その理由については，以下の引用から確認できる。

　「振り子は誤った方向に振れてしまったと思う。ピネドと農務大臣ドゥハウが力を持つようになり，プレビッシュは以前より彼らの言いなりになり，常に助言を乞い求めている。今やプレビッシュの影響力はきわめて小さいと思われる。（中略）……総裁は銀行に関する知識と経験がなく，しかも年老いている。」[33]

　ちなみに，プレビッシュは，後に中央銀行総支配人（General Manger）となり，中央銀行業務の実務面を担当していた。プレビッシュはニーマイヤーとも個人的つながりがあり[34]，イングランド銀行はプレビッシュを通して，BCRAに関与しようと試みていた。しかし，財務大臣ピネドの意図が貫徹されたことにより，ニーマイヤーが原則として掲げていた中央銀行の独立性が確立することはなかった。BCRAの実態は，いわば政府（財務省）の付属機関であり，政治的中立性を保ちつつ「通貨の番人」たる役割を果たす余地はなかったのである。

② 業務

　最初に，政府貸付と公債の引受業務についてみていこう。言うまでもなく，中央銀行の政府に対する貸付や，公債の引受けを規制しなければ，政府が通貨発行権を持つこととなり，中央銀行の存在理由はなくなる。それゆえ，12,155号法第34条において，割引，再割引，貸出し，借越し，政府証券の購入とい

う形で政府に資金を融通することは禁止されていた[35]。

　なお，公債については，第44条F項の規定により，BCRAによる直接的引受が例外として認められている。ただし，これについては二重の規制がかけられていた。第一に市場で取引されている公債の総額の80%を超えないこと，第二に中央銀行の総資産額を超えないこととされた。ニーマイヤーの法案にも同様の条項はあるが，第一の規制については取引額の60%を超えないこと，第二の規則については資産総額ではなく資本金の総額を超えないことと規定されている。ちなみに，資本金は3,000万ペソであったが，総資産額は15億ペソ程度であった。このことから，中央銀行の政府債引受について，いかにニーマイヤー法案と実際に成立した中央銀行法の内容が異なっていたかがわかるであろう。

　次に，発券業務についてみていこう。これについては12,155号法第39条で規定されている[36]。同規定によると，銀行券と一覧払債務に対しては，それらの25%にあたる金・外貨での準備が義務づけられていた。これについてはニーマイヤー法案における規定と同じである。ただし，ニーマイヤーの法案では，準備における外貨が占める比率に対する規定がないのに対し，12,155号法では外貨での準備は準備総額の20%までと制限されていた。言うまでもなく，ニーマイヤーとしては可能な限り準備資産としてポンドの割合を高めることを望んでいたが，これに対してアルゼンチン側は一定の制限を課していたことがわかる。このことから，アルゼンチンは植民地インドや自治領諸国（カナダは例外）などとは異なり，通貨における一定の主権を保持していたことが確認されよう。

　しかし，上記の準備率に対する制約は，BCRAの創設と同時に行われた金の再評価（revaluation of gold）によって，大した効果を持たなかった。後に詳しくみるが，この評価替えによってアルゼンチンの準備資産は大幅に水増しされたからである。ニーマイヤーは市中銀行の手形決済量をみると，既に通貨供給量は適正な水準にあり，これ以上紙幣を発行することに対して警告を発している[37]。BCRA創設から約1年後の1936年5月，パウエルはニーマイヤーに対して以下のような報告をしている。

「巨額の現金が一般民衆の手元に流れ込む可能性がある。今年に入ってから銀行券の発行量は継続的に増大し，3月までにおよそ4,000万ペソ増大した。理由は政治的なものなので，危惧を抱かざるをえない。すなわち，コンコルダンシアは議会で少数派になっており，あらゆる努力をしているが苦境に陥っているのである。」[38]

確かに，アルゼンチンの通貨流通量は，1935年末の9億8,200万ペソから，1936年末の10億940万ペソへと増大しており[39]，これ以上の通貨供給量の増大は必要ないとするニーマイヤーの立場からすれば，微増とはいえ危惧すべき状況であった。

しかし，その後の通貨流通量は1937年末には11億5,000万ペソ，1938年には11億1,800万ペソ，1939年末には11億9,100万ペソと推移しており，それほど増大することはなかった[40]。通貨流通量がさほどの増大を示さなかった理由は，公開市場操作を実施したことにある。1936年6月7日，中央銀行法第32条L項の規定に基づいて[41]，アルゼンチン史上初の公開市場操作が実施され，2億5,000万ペソ分の公債が市中銀行によって購入された[42]。購入された公債は，兌換局が所有する愛国債約1億4,500万ペソ分と，国立銀行の短期債約2億5,500万ペソを統合し，償還期間の延長と低利化を目的として発行された公債であった。その後も，この公債を用いて市中の余剰資金が吸収されていくこととなる。

ところで，BCRAによる大規模な公開市場操作が可能であった理由は，アルゼンチンの金融市場，特に国内債券市場が着実に発展しつつあったからである。先に検討したように，愛国債が発行された1932年頃から，外国債の発行額が頭打ちになる一方で，内国債の発行額は急激に増大している。この理由は，発行された内国債の種類が多様化したことにあった。プランプターは，公開市場操作の効果はそれが実施される国の金融市場の発展レベルに依存すると述べているが[43]，まさに当時のアルゼンチンの金融市場は成長途上にあったといえよう。実際，当初は中央銀行法の規定に基づき，公開市場操作に使用できる証券は長期公債に限定されていた。しかしその後，操作対象は財務省証券や金・外貨証券等の短期証券に拡大されていった。

では，ニーマイヤーは，アルゼンチンにおける公開市場操作の実施について，いかに考えていたのだろうか。ニーマイヤーはアルゼンチンの金融市場の未熟さを理由に，BCRA による公開市場操作の実施に反対していた。したがって，ニーマイヤーの法案には公開市場操作に関する規定はなかった。しかし，BCRA はニーマイヤーの思惑を外れ，公開市場操作の実施に踏み切り，その規模を拡大させていくのである。ニーマイヤーは，中央銀行の独立性のみならず，金融政策の面においても自らの意思を貫徹できなかったのである。

3. 市中銀行改革

BCRA 成立後の 1935 年末から 1936 年初頭にかけて市中銀行の改革が行われた。この改革は，イングランド銀行から派遣されたパウエルの指導・監督の下で行われた[44]。最初に改革の内容を検討し，その後，パウエルの意図通りに改革が実行されたか否かについてみていきたい。

(1) 銀行資本流動化機関 ⋯⋯⋯⋯⋯⋯⋯⋯⋯⋯⋯⋯⋯⋯⋯⋯⋯⋯⋯⋯⋯⋯⋯⋯⋯⋯⋯

市中銀行改革は 12,156 号法の規定に基づいて実施された。すなわち，この規定により市中銀行は，普通預金の 16%，定期預金の 8% の準備を，中央銀行に常時置くことが義務づけられたのである[45]。この規定はニーマイヤーの法案に沿ったものであり，市中銀行改革の主な目的は，上述の準備率を充足していない市中銀行の業務を改善することにあった。

さて，市中銀行改革を担う機関として創設されたのが銀行資本流動化機関（Instituto Movilizador de Inversiones Bancarias，以下「IMIB」）である。12,157号法第 1 条では，同機関の目的を「市中銀行の不良債権を整理し，生産的な農業投資を増やしていくこと」と規定している[46]。しかし，ニーマイヤーにとっては，かかる機関の活動はもとより，創設自体も想定外のことであった。

では，なぜかかる機関が創設されたのであろうか。アルゼンチンの銀行は，中央的統制もないまま，一般企業に適用される会社法の規制下で営業されてきた。そのため，その経営は放漫なものとなり，1929 年恐慌の発生により市中

80

銀行の不良債権は急拡大することとなった。IMIBの目的は，現金準備率が低下し，預金，貸出しが低迷していた市中銀行の流動性を高める（現金を注入する）ことにあった。では，この機関の資金はどこから調達されたのであろうか。

　IMIBの活動資金の大半は金の再評価によりもたらされた。これは，各国が金本位制を離脱していた状況下で行われた金融的操作である。この操作について簡単に説明しよう。1881年制定の第1,130号法の規定により，アルゼンチンの通貨は金ペソと紙ペソの2種類が存在していた[47]。前者は対外債務関連の支払いや欧米諸国との貿易に使用され，国内で流通していたのはもっぱら後者であった。かかる通貨制度を前提として，以下のような操作が行われた。すなわち，兌換局からBCRAに金が移管される際，1金ペソ＝2.27紙ペソのレートが1金ペソ＝4.96ペソへと変更されたのである[48]。この結果，7億ペソ強の収益が生み出されることとなった。

　では，パウエルはこの操作をいかに認識していたのだろうか。エル・サルバドルで同様のことがなされた際，パウエルは同国政府に対し「金の再評価益はまったく幸運な環境からもたらされたものであり，国家の真の富や貯蓄は増えていないことを明確に理解すべきである」と忠告している[49]。さらに，「組織委員会と新設される中央銀行は，この架空の，そして突然生じた収益が，過剰な輸入とインフレーションを引き起こさないように細心の注意を払うべきである」とも述べている[50]（補章参照）。

　一方，組織委員会委員長として金の再評価に深く関わったピネドは，「政府は金の再評価益によって，（市中銀行の）苦境を改善することができた。（中略）……この収益は金融的に生み出されたものなので，金融制度の健全化に使用するのは合理的である。（中略）……再評価益によって銀行の資産帳簿の数字を消去するのは，預金量を変化させない限り，インフレーションを生じさせる危険はない」と述べている[51]。ピネドは金の再評価益を，パウエルとは異なる視点で捉えていたことが確認できよう。

　では，金の再評価益は実際にどのように使用されたのだろうか。**図表Ⅲ-5**は再評価益の使途を示しているが，そのうち1億5,000万ペソは，政府債務の償還に使用されていることが確認できる。パウエルが言う「幸運な環境」を利

図表Ⅲ-5……金の再評価益の使途内訳

(単位：ペソ)

国立銀行	
政府の債務償還	150,000,000.00
財務省証券の回収	23,440,344.76
小計	173,440,344.76
その他銀行	124,079,666.91
銀行資本流動化機関（IMIB）	390,000,000.00
その他支払い	
政府が応募した中央銀行株の支払い	10,000,000.00
その他機関からの財務省証券の回収	3,540,754.75
小計	13,540,754.75
合計	701,060,766.42

出所：BCRA, *Annual Report 1935*, p. 9 より作成。

用し，アルゼンチンはその巨額の債務を清算することに成功したのである。また，市中銀行改革を目的として創設された IMIB には，金の再評価益の半分以上に相当する 3 億 9,000 万ペソが配分された。かかる金の再評価益の使用法が，イングランド銀行の思惑に沿うものであったか否かはともかくとして，それがアルゼンチン側の政策主体（実際はピネド）によって考案・実施されたという点を明記しておきたい。

(2)　市中銀行の救済

　では，IMIB は配分された金の再評価益を，どのように使用したのだろうか。
　図表Ⅲ-6 をみると，政府と密接な関係があった国立銀行の経営基盤の強化に使用されたことが確認できる。国立銀行は BCRA の成立と同時に一商業銀行となったが，依然として最大の営業規模を誇っていた。この国立銀行に，**図表Ⅲ-6** で示したように，現金と再割引という形で 1 億 7,800 万ペソもの巨額の資金が注入された。これにより，国立銀行の預金準備率は大幅に上昇した。具体的に示すと，1928 年には 37% であった準備率は，1931 年には一時 15% 弱にまで低下していたが，1935 年末には 25% 強にまで上昇した[52]。この

82

アルゼンチンの金融制度改革と
イングランド銀行

第III章

図表III-6……**銀行資本流動化機関の使途内訳**

(単位：ペソ)

国立銀行	
現金	129,017,822.65
証券の再割引	49,391,151.48
小計	178,408,974.13
エスパニョール銀行	170,000,000.00
その他支払	11,499,086.27
残金	
中央銀行の口座へ	10,091,086.27
エスパニョール銀行の口座へ	20,000,000.00
小計	30,091,086.27
合計	390,000,000.00

出所：BCRA, *Annual Report 1935*, p. 9 より作成。

ように，金の再評価益は政府と密接な関係があった国立銀行の経営基盤の強化
に使用されたのである。

　また，巨大銀行の統合に伴う預金者の保護に使用されたことが確認できる。
1935 年末に，経営難の状態にあった Banco Español del Río de la Plata, Ernesto
Tornquist y Cía, Hogar Argentino, Banco Argentino Uruguayo の 4 行が統合さ
れ，Banco Español del Río de la Plata Limitado が新設された。いずれも巨大な銀
行であったが，特に最初の 2 行は 19 世紀末から「ビッグ・ファイブ」の一角
を形成してきた銀行であった[53]。**図表III-6** で示されているように，Banco Es-
pañol del Río de la Plata Limitado（エスパニョール銀行）に 1 億 7 千万ペソもの
巨額な資金が投じられ，同行に移管された上記 4 行の不良債権の処理や預金者
の保護が実行されたのである。

　その他，IMIB に移管された資金は，銀行法の下で清算を命じられた銀行の
預金者に対する補償に使用されたが[54]，以上でみたように，IMIB に配分され
た金の再評価益の大部分は，大銀行の現金準備率を高めるために使用された。
では，市中銀行に対する巨額の資金注入を，いかに評価すべきであろうか。そ
れは果たして，「改革」と「救済」，いずれの評価を下すべきであろうか。

83

ニーマイヤー法案からわかるように，イングランド銀行は BCRA が適正な通貨量の維持を第一の使命とすることを望んでいた。すなわち，中央銀行を中心とする統制された金融制度の下で，市中銀行の流動性が担保されることを期待していた。このことは，国際通貨ポンドの地位保全，すなわち，スターリング・ブロックの安定を目指す英国大蔵省の意図にも合致していた。しかし，パウエルがニーマイヤーに宛てた手紙をみると，IMIB の政策がインフレーションを引き起こす可能性があると指摘されている。

　「新たに創設された Banco Español del Rio de la Plata Limitado は，3 億 5,000万ペソの預金額で営業を開始した。同行は 1 億 7,000 万ペソの現金を受け取った。（中略）……銀行券の流通量は 9 億 6,400 万ペソ（5 月末）から，現在の10 億 120 万ペソに上昇した。一般民衆の手の内にある銀行券は 5,000 万ペソ増大したわけである。（中略）……私は IMIB にほとんど関係していない。それは組織委員会によって運営されている。（中略）……余剰資金の吸収は困難であり，これら 4 行のみが支援を要請しているわけでもない。そこで，私は節度を持つよう強く求めた。」[55]

　さらに，パウエルの手紙は以下のように続いている。

　「1935 年 4 月から 12 月において増大した 4 億ペソの現金準備のうち，2 億9,800 万ペソは国立銀行と新設された Banco Español del Rio de la Plata Limitadoによるものである。前者は現金準備を 1 億 4,100 万ペソ，後者は 1 億 5,700 万ペソ増大させた。これら 2 行の過剰な現金準備を減らす特別な手段がとられなければ，インフレーションが生じるであろう。（中略）……まさに今，商業銀行，国立銀行，Banco Español del Rio de la Plata の過剰な準備金を減らすための行動が必要である。すでに一般民衆の生活費は増大していたが，1935 年 6月以降はさらにその傾向が強くなっている。」[56]

　以上の引用から 3 つのことが確認できよう。第一に，パウエルの主たる関心事はインフレーションにあったこと。第二に，IMIB の運営に関しては組織委員会が実権を握っており，パウエルは埒外に置かれていたこと。第三に，資金注入を必要としていたのは，上述の大手 4 行のみでなかったことである。また，この点に関するパウエルの言及は，特定の銀行のみに資金が優先的に振り

向けられた可能性を示唆している。

BCRA の年次報告書において、政治家と 4 行の関わりや、政治家が関わる特定企業に対する優先的融資の事実を示すような記述はみられない。しかし、BCRA 創設をめぐる議論がなされた 1935 年 2 月 28 日から 3 月 1 日にかけて開催された臨時国会において、以上のことを示唆する発言が野党議員によってなされている[57]。それによると、法務省の調査によって、資金が注入された 4 行について、以下の事実が明らかにされたという。

① Hogar Argentino：頭取は財務大臣経験者のピニェロ（N. Piñero）であり、国立銀行による再割引を通して巨額の資金（資本金と同程度の額）を獲得し、これを投機的事業に投じている、② Banco Español del Río de la Plata：国立銀行による再割引を通して巨額の資金（資本金の 3 倍程度に相当する額）を獲得し、これを投機的事業に投じている、③ Ernesto Tornquist y Cía：頭取は財務大臣経験者であり、理事の 1 人はコンコルダンシアで財務大臣を務めているオルティス（R. M. Ortíz）である、④ Banco Argentino Uruguayo：国立銀行による再割引を通して巨額の資金（資本金の 20 倍に相当する額）を調達している[58]。

以上の指摘から、政府（政治家）－兌換局－国立銀行－大銀行間の馴れ合いの構図が浮かび上がってくる。大銀行の経営陣は財務大臣経験者などの大物政治家によって占められ、これらの銀行は縁故関係のある企業や投機的事業に対して、手形の割引等を通して莫大な資金を融通していた。そして、これらの手形は半公的機関である国立銀行によって再割引される。しかも、1931 年 4 月以降は国立銀行の再割引した手形は、発券独占権を有する兌換局が「再々割引」するようになっていた。

さて、IMIB の本来の目的は、既に述べたように市中銀行の「改革」にあった。しかし、アルゼンチン政治史に関する文献は、IMIB は「途方もない金額を受け取り、それを現在の、あるいは将来の不良債権のカバーに利用」することで、金融寡頭層を救済・支援したと指摘している[59]。確かに、これまでみてきたように、IMIB の資金は市中銀行の抜本的改革というよりは、大手銀行の場当たり的な「救済」と評価できるような内容であった。言うまでもなく、このような IMIB の活動は、健全通貨の維持を目指すパウエルやニーマイヤーの

意図に沿うものではなかった。BCRA の創設同様，その後の金融制度改革も，アルゼンチンの政策主体に主導される形で実行されたのである。

⑶　不胎化政策の実施……………………………………………………………

　これまでの検討で，ニーマイヤーやパウエルがアルゼンチンにおけるインフレーションの危険性を指摘していたことを確認した。では，実際にインフレーションは発生したのであろうか。BCRA 初年度の報告書をみると，次のような記述がある。

　「興味深いことに，金の再評価に伴う複雑な金融的操作（operations）が実行されたにもかかわらず，1935 年末の通貨流通量は 11 億 7,790 万ペソであり，これは前年度よりもわずかに 640 万ペソ多いだけであった。すなわち，IMIB が使用した金の再評価益は，通貨流通量を増大させることなく，市中銀行の現金準備を強化することに用いられたのである。」[60]

　この引用から明らかなように，アルゼンチンにおける金の再評価益は，パウエルが危惧するようなインフレーションを引き起こさなかった。なぜだろうか。

　ところで，BCRA は通貨量の調整を目的の 1 つとして掲げており，同行を管理・運営するピネドやプレビッシュはイングランド銀行が想定していた以上に積極的，かつ大胆な金融的操作を実行する意思も知識も持っていた。実際，1936 年 6 月に，試みに統合財務省証券（Certificates of Participation in Consolidated Treasury Bonds）を用いた資金の吸収操作が実施された[61]。同証券は 2 億 5,000 万ペソ販売されたが，市中銀行により即座に約 2 億 1,000 万ペソ応募され，残りもすぐに消化された[62]。

　その後，この経験を踏まえつつ，財務省証券（金・外貨建て）と金・外貨保有証券（Gold and Foreign Exchange Holding Certificates）も利用されるようになった[63]。**図表Ⅲ-7** をみると，上記 2 種の証券が追加されたことにより，1937 年と 1938 年の証券の発行総額が大幅に増加していることが確認できる。しかし，市中銀行が保有する現金は，通年でみると大きな変化はみられない。すなわち，月平均でみると，1936 年は約 7 億 4,700 万ペソ，1937 年は 7 億 7,700 万ペソ，1938 年は 6 億 9,000 万ペソと推移している。

アルゼンチンの金融制度改革と
イングランド銀行

図表Ⅲ-7……BCRA による銀行資金の吸収

（単位：100 万ペソ）

	統合 財務省証券	財務省証券 （金・外貨建て）	金・外貨 保有証券	合計	市中銀行が 保有する現金
1936 年 1 月	272.7	—	—	272.7	739.1
2 月	242.8	—	—	242.8	758.7
3 月	223.2	—	—	223.2	812.9
4 月	186.9	—	—	186.9	829.4
5 月	323.0	—	—	323.0	743.5
6 月	342.9	—	—	342.9	722.9
7 月	347.0	—	—	347.0	690.3
8 月	311.5	—	—	311.5	714.0
9 月	330.0	—	—	330.0	659.4
10 月	323.4	—	—	323.4	747.6
11 月	347.2	34.4	—	381.6	775.8
12 月	397.0	67.5	—	464.5	772.1
1937 年 1 月	397.0	82.2	—	479.2	793.7
2 月	397.0	98.8	75.0	565.8	796.4
3 月	397.0	98.0	172.5	667.5	772.5
4 月	370.9	100.0	204.0	674.9	829.0
5 月	365.4	94.0	248.4	707.8	772.9
6 月	356.2	77.0	251.8	685.0	840.1
7 月	356.2	88.0	269.1	713.3	829.7
8 月	364.4	93.6	283.3	741.3	761.9
9 月	371.1	63.6	282.6	717.3	737.1
10 月	355.5	63.6	276.1	695.2	780.2
11 月	331.0	63.6	249.3	643.9	721.5
12 月	309.1	63.6	234.6	607.3	689.7
1938 年 1 月	300.5	63.6	196.9	561.0	709.2
2 月	281.3	63.6	183.3	528.2	739.6
3 月	304.4	63.6	183.3	551.3	701.4
4 月	266.7	63.6	147.8	478.1	752.8
5 月	289.0	63.6	128.6	481.2	663.3
6 月	332.3	63.6	86.6	482.5	651.0
7 月	306.5	63.6	72.8	442.9	683.4
8 月	275.3	63.6	67.7	406.6	717.5
9 月	357.7	63.6	12.5	433.8	682.7
10 月	352.9	63.6	—	416.5	678.7
11 月	314.4	63.6	40.0	418.0	670.6
12 月	300.1	63.6	10.0	373.7	630.9

出所：BCRA, *Annual Report 1938*, p. 20 より作成。

以上でみたように，BCRA は各種証券を用いて市中の資金を吸収し，通貨流通量を一定レベルに保っていた。国際連盟の報告書は，1936〜38 年に BCRA が行った金融政策について，「注目すべき中立化政策」として取り上げている[64]。つまり，BCRA は当時としては先進的な金融的操作であった不胎化（sterilization）を行っていたのである。これは，アルゼンチンの経済官僚，とりわけプレビッシュの金融的知識や，それを受け入れる政治システムの柔軟性が，イングランド銀行の想定を上回っていたことを意味している。そして，皮肉なことではあるが，イングランド銀行の後援で創設された BCRA は，アルゼンチンのイギリスからの金融的自立化を促す組織へと変貌していくのである。これについては，第 V 章で検討する。

小括

　イングランド銀行はその歴史と伝統を背景として，世界各国に「正統な中央銀行」の創設を促していった。その主な目的は，1931 年 9 月にイギリスが金本位制を離脱した後に生成したスターリング・ブロックの維持・拡大にあった。イングランド銀行が「周辺国」の中央銀行に求めていたことは，金や外貨（可能であればポンド）の準備量に応じて通貨供給量を適正に保つことであった。

　かかる意図からすれば，中央銀行の独立性は最も重要な原則となる。ノーマンが作成し，帝国諸国の中央銀行総裁に回覧されたメモには，「中央銀行は，直接的，あるいは間接的に金と通貨に関する政府のすべての仕事を代行するが，政府からの独立性を保つべきである」と明記されている[65]。また，当時世界各国の中央銀行関係者に読まれたとされる副総裁ハーヴェイ（E. M. Harvey）のパンフレットには，中央銀行はその業務と政策において政府の管理と政治的影響から自由であるべきことが明記されている[66]。

　しかし，これまでの検討で，アルゼンチンの金融制度改革に対するイングランド銀行の関与は，せいぜい技術的助言に限られていたことが明らかとなった。アルゼンチンの金融制度改革において主導権を握り続けたのは，同国の財

務大臣であったピネドや彼を取り巻く官僚であり，金融制度改革は，あくまで
も現地の必要性に適合する形で構想・実行されたのである。実際，これまでみ
てきたように，BCRAは財務省，あるいは政府の施策を効率的に実施するため
の機関として創設され，イングランド銀行が原則として掲げる「中央銀行の独
立性」すら守られなかったのである。アルゼンチンにおいては，イングランド
銀行の理想とは異なる組織・機能を備えた中央銀行が創設された。

　アルゼンチン政府のみならず，当時のラテン・アメリカ諸国政府は，1929
年恐慌の発生によって惹起されたアメリカに対するイギリスの経済的影響力の
相対的上昇という事態を踏まえ，イギリスから財政・金融上の助言を受けるべ
きだと考えていた。したがって，イングランド銀行にとって1930年代は，ラ
テン・アメリカ諸国に対して，自らの財政・金融制度改革に関する処方箋を受
容させ，同地域における金融的影響力を伸長する絶好の機会であったといえ
た。では，かかる有利な状況であったにもかかわらず，イングランド銀行の影
響力はなぜ限定的なものにとどまったのであろうか。

　これまでの検討で明らかにしたように，イングランド銀行から派遣された
ニーマイヤーやパウエルは，「正統な中央銀行」の創設と，それを担保する
「中央銀行の独立性」と均衡財政の維持を要請していた。しかし，これは1930
年代のラテン・アメリカ諸国の政府にとって，現状にそぐわない，教条主義的
な処方箋でしかなかった。すなわち，アルゼンチンをはじめとするいくつかの
ラテン・アメリカの金融市場は，イングランド銀行が想定する以上の発展を遂
げていたのである。状況に即した処方箋を提起できなかったことが，イングラ
ンド銀行の影響力を限定的にした決定的な理由であったといえよう[67]。

　一方，アルゼンチンがイングランド銀行の勧告に応じて，どのような形であ
れ中央銀行制度を導入したという事実にも注目すべきであろう。また，BCRA
は不胎化政策，あるいは中立化政策という金融的技術を使用しつつも，通貨流
通量を一定に保っていたという点も看過できない。いずれにせよ，イングラン
ド銀行はセントラル・バンキングの流布に，また，それを通じて金融・財政に
おける英米基準のグローバル化に一定の成功を収めたのである。

　以上に加え，人的関係の構築という点も無視しえないであろう。第一次大戦

89

後，イングランド銀行は国際連盟や国際会議の場で，各国通貨当局の関係者と交流を深めていたが，中央銀行創設運動を展開していく中で，さらに密接な人的関係の構築が図られていった。アルゼンチンにおいても，BCRA 創設の過程を通じて，ニーマイヤーやパウエルは，プレビッシュやピネドをはじめとするアルゼンチンの経済官僚と交流を深めていった。かかる関係が，イングランド銀行が掲げるドクトリン（緊縮財政や健全通貨等）の「布教」に貢献したことは間違いないであろう。さらに，かかる人的関係は，第二次大戦時において「非公式支配」の手段としての役割を果たしていくこととなる。

注 ……………………………………………………………………………………………………

1 　ニーマイヤーは大蔵省の官僚であったが 1927 年にイングランド銀行に移籍し，総裁直属のアドバイザーとなった。1930 年代にはオーストラリア，ブラジル，ギリシア，エジプト，そして 1941 年には蒋介石の要請で中国にも赴き，セントラル・バンキングの布教活動に邁進した。その後，1932 年には国際決済銀行（BIS）の理事となり，セントラル・バンキングのみならず，国際金融に精通する権威者としての名声を確立した（Lord Blake and C. S. Nicholls eds., *The Dictionary of National Biography, 1971-1980*, Oxford University Press, 1986, pp. 631-633）。なお，イングランド銀行の中央銀行創設運動については補章を参照されたい。

2 　E. J. Dosman, *The Life and Times of Raúl Prebisch, 1901-1986*, McGill-Queen's University Press, 2008, p. 97.

3 　*The Economist*, Argentine Supplement, February 8, 1936, p. 17.

4 　R. S. Sayers, *The Bank of England, 1891-1944*, Cambridge University Press, 1976（日本銀行金融史研究会訳『イングランド銀行（下）』東洋経済新報社，1979 年）邦訳 720 頁。

5 　イングランド銀行による中央銀行創設運動とスターリング・ブロックとの関係については，秋田『イギリス帝国とアジア国際秩序』26-27 頁を参照されたい。また，かかる観点からカナダ中央銀行の創設について論じたものとして，P. J. Cain, "Gentlemanly Capitalism at Work: the Bank of England, Canada and the Sterling Area, 1932-1936," *Economic History Review*, Vol. 49, No. 2, May, 1996 がある。

6 　Ministerio de Hacienda, *Leyes Decretos y Resoluciones sobre la Moneda, Bancos Nacional y de la Nación Argentina y Caja de Conversión*, Buenos Aires,1926, p. 297.

7 　兌換局は 1890 年のベアリング危機後に創設された。それまでは州立銀行が各々銀行券を発行していた。

8 国立銀行の組織・業務については，Ministerio de Hacienda, op. cit., pp. 187-196.

9 G. Paolera and A. M. Taylor, *Straining at the Anchor: the Argentine Currency Board and the Search for Macroeconomic Stability, 1880-1935*, University of Chicago Press, 2001, p. 231.

10 M. Balboa, "La Evolución del Balance de pagos de la República Argentina, 1913-1950," *Desarrollo Económico*, Vol. 12, No. 45, 1972, pp. 159-160.

11 1928 年の終わりから 1931 年の終わりにかけて，アルゼンチンの金準備は 8 億 5 千万ペソ以上（約 60%）減少した。EIS, *Commercial Banks, 1925-1933*, Geneva, 1934, p. 268（*The League of Nations Economic Statistical Series, 1910-1945, Book 39*）

12 Ibid., p. 269.

13 Ministerio de Hacienda, op. cit., p. 424-425.

14 EIS, *Commercial Banks, 1925-1933*, p. 269.

15 アルゼンチンの輸入代替工業化については，宇佐見耕一「世界恐慌前後のアルゼンチン工業連盟の工業化キャンペーン」星野妙子編『ラテンアメリカの企業と産業発展』アジア経済研究所，1996 年，第 3 章を参照されたい。

16 以下の分析には，Ministerio de Hacienda, *Informe y Proyectos de Sir Otto Niemeyer*, Buenos Aires, 1933 の報告書の部分を参照した。

17 Banco Central de la República Argentina（以下「BCRA」），*La Creación del Banco Central y la Experiencia Monetaria Argentina entre los Años 1935-1943*, Buenos Aires, 1972, pp. 697-698.

18 ウリブルの法案は，Ibid., pp. 661-668 に収録されている。

19 Ibid., p. 666.

20 イングランド銀行が掲げていたセントラル・バンキングの諸原則については，P.L. Cottrell ed., *Rebuilding the Financial System in Central and Eastern Europe, 1918-1994*, Scolar Press, 1997, p. 63.

21 EIS, *Memorandum on Commercial Banks, 1913-1929*, p. 352, Geneva, 1931（*The League of Nations Economic Statistical Series, 1910-1945, Book 38*）

22 OV9, Sir Otto Niemeyer's Papers, Powell to Niemeyer, April 27, 1936, The Bank of England Archive（以下「BOE Archive」）

23 F. Pinedo, *En Tiempos de la República, Tomo 1*, Editorial Mundo Forense, 1946, p. 160.

24 A. Ciria, *Parties and Power in Modern Argentina, 1930-1946*, State University of New York Press, 1974, p. 24.

25 3 月 21 日の国会答弁については，BCRA, op. cit., pp. 1319-1354 を参照した。

26 Ibid., pp. 1324-1325.

27 Ibid., pp. 1325.

28 BCRA, op. cit., p. 1326.

29 これらの法律は，Editorial la Ley Buenos Aires, Anales de Legislación Argentina, Año 1920-1940, Buenos Aires, 1953, pp. 596-610 に収録されている。

30　Ibid., p. 608.

31　OV9, Sir Otto Niemeyer's Papers, Lewis to Prebisch, May 5, 1936, BOE Archive.

32　M. Flandreau ed., *Money Doctors: The Experience of International Financial Advising 1850–2000*, Routledge, 2003, p. 58.

33　OV9, Sir Otto Niemeyer's Papers, Powell to Niemeyer, April 27, 1936, BOE Archive.

34　プレビッシュは 1932 年末から 1933 年初頭にかけて，食肉交渉と世界経済会議に参加するためロンドンに滞在していた。その際プレビッシュは，ニーマイヤーのカントリー・ハウスに招待され，「長時間の散歩とウィスキー・ソーダ」の週末を過ごしたという（Dosman, op. cit., p. 90）。

35　以下の条文に関する記述は，Editorial la Ley Buenos Aires, op. cit., pp. 600-602 を参照。

36　Ibid., p. 601.

37　Ministerio de Hacienda, *Informe y Proyectos de Sir Otto Niemeyer*, p. 16.

38　OV9, Sir Otto Niemeyer's Papers, Powell to Niemeyer, May 22, 1936, BOE Archive.

39　EIS, *Money and Banking, 1940/1942*, League of Nations, Geneva, 1942（*The League of Nations Economic Statistical Series, 1910-1945, Book, 49*, Kyokuto Shoten, 1987）p. 74.

40　Ibid., p. 74.

41　Editorial la Ley Buenos Aires, op. cit., pp. 600.

42　BCRA, *Annual Report 1935*, Buenos, Aires, 1936, p. 18.

43　A. F. W. Plumptre, *Central Banking in the British Dominions*, University of Toronto Press, 1940, p. 19.

44　パウエルは，1910 年イングランド銀行入行，1931〜35 年セントラル・バンキング部門長，1936〜41 年海外・外国局副局長，1946〜51 年総裁アドバイザーの経歴を持つ。エル・サルバドルにおいて中央銀行創設に尽力した後，1935 年 8 月から 1 年間，アルゼンチンにセントラル・バンキングの定着を担う技術アドバイザーとして滞在した。

45　Editorial la Ley Buenos Aires, op. cit., pp. 603.

46　Ibid., pp. 605.

47　Ibid., pp. 43-47.

48　Editorial la Ley Buenos Aires, op. cit., pp. 605.

49　Banco Central de Reserva de El Salvador, *Informe y Proyectos de Mr. F. F. J. Powell*, San Salvador, 1934, p. 60.

50　Ibid., p. 60.

51　Pinedo, op. cit., p. 160.

52　BCRA, *Annual Report 1935*, p.12.

53　赤川元章「アルゼンチン貨幣金融制度の発展とドイツ銀行資本」『三田商学研究』第 37 巻，第 1 号，1994 年，4 月，33 頁。

54　BCRA, *Annual Report 1936*, Buenos, Aires, 1937, p. 23.

55　OV9, Sir Otto Niemeyer's Papers, Powell to Niemeyer, April 25, 1936, BOE Archive.

56　OV9, Sir Otto Niemeyer's Papers, Powell to Niemeyer, April 27, 1936, BOE Archive.

57　BCRA, *La Creación*, pp. 975-1061 を参照。

58　Ibid., p. 999.

59　Ciria., op. cit., p. 25.

60　BCRA, *Annual Report 1935*, p. 17.

61　Ibid., p. 18.

62　Ibid.

63　BCRA, *Annual Report 1938*, Buenos Aires, 1939, pp. 19-20.

64　Economic, Financial and Transit Department, *International Currency Experience: Lessons of Inter-War Period*, League of Nations, 1944, p. 85.

65　Cottrell ed., op. cit., p. 63.

66　E. Harvey, *Central Banks*, London, 1927, pp. 17-18.

67　1940 年代のトリフィン使節団（Triffin Mission）は，1920 年代のケメラー使節団や両大戦間期の英国金融使節団とは異なっていた（E. Helleiner, "Central Bankers as Good Neighbours: US Money Doctors in Latin America during the 1940s," *Financial History Review*, Vol. 16, No. 1, 2009, p. 5）。

第IV章 英・アルゼンチン支払協定と封鎖ポンドの蓄積

本章の課題

　近年の研究は，シティの金融力を源泉とするイギリスの「構造的権力」について，それが1930年代になっても依然として健在であったとする主張を展開している[1]。ストレンジは「構造的権力」の4つの源泉として「安全保障」「金融」「生産」「知識」を挙げているが，これらの中で1930年代になってもイギリスが比較優位を有していたのは「金融」であった[2]。確かに，資金量という点ではニューヨークの後塵を拝するようになっていたとはいえ，歴史と伝統という点では依然としてシティは世界随一の存在であり，グローバルな影響力を持っていたことは間違いない。

　だが，第二次世界大戦期においては，「構造的権力」のみを強調するのではなく，「構造的権力」と「関係的権力」を組み合わせた分析が必要であろう。なぜなら，第一次大戦以降，とりわけ第二次大戦期においては，「構造的権力」を補う「関係的権力」が強力に行使されたと考えるからである。本章では，「関係的権力」を利用したイギリスのアルゼンチンに対する「非公式支配」の実態を示していく。

　さて，イギリスは第二次大戦勃発と同時に為替管理を導入するが，これはポンドの国際通貨としての信認を決定的に失わせる出来事であった。すなわち，英国通貨当局は国際通貨の基本要件である交換性を，真っ向から否定する決断を下したのである。このような中で，イギリスは戦争遂行上必要な食糧（特に食肉）を確実に調達するため，アルゼンチンに対して輸入代金支払いの繰り延べ＝封鎖ポンド（blocked pound）の蓄積を要求していく。言うまでもなく，アルゼンチンにとっては，輸出所得の対価として封鎖ポンドを受け取ることは不本意であった。対米輸入超過，対ヨーロッパ輸出超過という基本的貿易構造からすれば，アルゼンチンが最も必要としていた通貨はドルであり，ポンドとドルの交換制限を意味する封鎖ポンドの蓄積は，アルゼンチンにとって受け入れがたいことだったのである。

　しかし，イギリスは「関係的権力」，具体的に言えば，人的関係を通して行

使される外交力や交渉力を用いて，アルゼンチンに大戦中を通して巨額の封鎖ポンドを蓄積させることに成功する。つまり，イギリスは軍事・外交的圧力を加えることなく，中立国としての立場を貫いていたアルゼンチンに[3]，過大ともいえる「戦争協力」を余儀なくさせたのである。「公式帝国」インドの貢献には比肩すべくもないが，封鎖ポンド蓄積によるアルゼンチンの戦争協力は，「非公式支配」の事実を明確に示す事象として把握することができよう。

　本章の構成は以下の通りである。1においては，封鎖ポンドの蓄積を招いた支払協定の意義とメカニズムを，イギリスの対外経済政策との関連で明らかにしていく。2においては，イングランド銀行とBCRAとの間で締結された支払協定の内容と協定の締結・更新に関わる交渉について検討する。3においては，アルゼンチンの通貨・金融システムにおける封鎖ポンドの意義について検討していく。

1. 支払協定の仕組みと意義

　本節では，イギリスの「非公式支配」の手段となったと考えられる支払協定の仕組みと意義について検討する。しかし，その前に同協定締結の背景を成すイギリスによる為替管理導入の経緯について検討していく。

⑴　為替管理の導入

　第二次大戦前夜，英国大蔵省は為替管理を導入したが，それは以下のような特徴を有していた[4]。①金・外貨の取引は大蔵省と同省によって権限を与えられた機関のみが行い，大蔵省は経常的支払いに必要な金・外貨の販売を制限する権限を与えられる，また，大蔵省の許可がなければイギリス国外の居住者に対する支払いは禁止され，証券に関しても大蔵省が管理する権限を持つ，②スターリング圏（sterling area）が正式に形成され，域内諸国はイギリスと共通の為替管理を実施し，決済はほぼ自由に行われる，③スターリング圏諸国の保有する金やドルはポンドを対価に大蔵省に引き渡され，その使用に関しては同省が管理する，以上である。

開戦当初における大蔵省の規制は徹底性を欠いていた。しかし，戦争の本格化に伴い，大蔵省は為替管理の厳格化を余儀なくされる。これは，通貨の自由な交換性を否定することを意味し，国際通貨ポンドの信認を貶める行為であった。しかし，アメリカから武器貸与法（Lend-Lease Act，1941 年 3 月成立）に基づく援助を受けるまで[5]，イギリスは自力で対独戦を乗り切る必要があった。そのため，大蔵省は金と外貨（特にドル）の流出を極限まで抑えようとしたのである。1940 年 7 月までに，大蔵省はほとんどすべてのポンドの振替，自由市場での取引を規制するに至った[6]。

　とはいえ，為替管理の厳格化によって，国際通貨ポンドの信認が一挙に失われたわけではない。ポンドは未だ準硬貨（semi-hard currency）としての地位を保持しており[7]，イギリスと同国との間に密接な貿易・決済関係を有する一群の諸国から成るスターリング圏が形成された。スターリング圏は金・外貨を節約しつつ戦時中必要な食糧・物資を海外から調達するシステムとして機能した。すなわち，イギリスは同通貨圏からの輸入に対する支払いを，ポンド残高の蓄積という形で遅延することが可能だったのである。これはイギリスが，スターリング圏に属する諸国から無利子の短期借款を供与されたことを意味する。後にみるように，スターリング圏に対するイギリスの借款＝封鎖ポンドは，1945 年末には 1 億ポンド強となっていた。

　ところで，アルゼンチンはスターリング圏の正式な構成国ではなかったが，封鎖ポンドの蓄積を余儀なくされ，結果としてイギリスの戦争に大きく貢献することとなる。具体的には，戦争遂行に必要不可欠であった食肉を，アルゼンチンはいわば「ツケ払い」でイギリスに供給したのである。このことは，まさにイギリスの「非公式支配」の表れとして捉えることができよう。次に，封鎖ポンドの蓄積を余儀なくさせた金融的仕組みである支払協定について検討していこう。

⑵　支払協定

　19 世紀に起源を持つポンド体制の本質は，多くの国・地域にとって①ポンドが通貨を発行する際の準備通貨となっていたこと，②シティは資金の主たる

第IV章　英・アルゼンチン支払協定と封鎖ポンドの蓄積

運用場所であると同時に，資金調達先＝株式・債券の発行市場であったこと，③ポンドが貿易取引の際の決済資金であったこと，以上であった[8]。かかる機能は一朝一夕に失われるものではなく，多くの国はシティとの関係を容易には断ち切れなかった。したがって，スターリング圏の外縁において，正式には同圏には属さないが，イギリスとの間に密接な貿易・決済関係を有する諸国・地域が存在していた。これらは，政治・外交面での努力によってイギリスが自らの通貨・金融的影響圏に取り込むことが可能な領域であったと考えられる。

　実際，イギリスはスターリング圏外のいくつかの国と交渉を持ち，戦時中の通商における決済方式を規定した支払協定を締結していく。ケインズ（J. M. Keynes）は，1940 年 7 月に「外国為替と支払協定」と題された覚書を記しているが，この中で支払協定について「適切に構想し断固として遂行すれば，長期戦に必要な資金を調達する上で最も有効な手段になる」と記している[9]。

　さて，支払協定の基本的仕組みは，イングランド銀行に相手国の通貨当局名義の特別勘定を開設し，これにより，両国間の経常取引の差額を決済するというものである。協定国間の取引・決済に為替銀行を介在させず，協定国の政府機関（概ね中央銀行）が為替銀行の機能を代位している点において，ナチス・ドイツが採用した為替清算協定に近い[10]。しかし為替清算協定においては，協定国双方の清算機関における清算勘定の貸借記によって相殺清算され，清算尻も既存封鎖債権，追加的輸入，そして「見えざる所得」によって相殺されることが原則である。

　ところが支払協定の場合，相手国の特別勘定に対しある種の金による保証を与えることと引き換えに，少なくとも戦争終了時まで特別勘定からの引出しを猶予してもらうことを特徴としていた。この点が為替清算協定とは決定的に異なる点である。そして，かかるメカニズムゆえに，スターリング圏諸国同様，「支払協定圏」に属する諸国においても巨額の封鎖ポンドが蓄積されることとなった。

　ところでケインズは，イギリスが支払協定を締結することが可能である諸国として，南米諸国，日本，ロシア，中国，トルコ，スウェーデン，ポルトガル，スペイン，そしてバルカン諸国を挙げている[11]。実際に上記すべての国と

99

支払協定が締結されたわけではないが，例えば，1940 年 11 月に締結されたポルトガルとの支払協定は，武器製造に必要なタングステンの調達を可能とした[12]。また，チリと支払協定を締結したことによって，スターリング圏の供給力が限られていた肥料を，安定的に確保することが可能となった[13]。

さて，**図表IV-1** は，1945 年末の時点におけるイギリスの非スターリング圏に対する封鎖ポンドの総額は，9 億 2 千万ポンドにも及んでいることを示している。このように，支払協定はイギリスが金・外貨を失わず，かつ「ツケ払い」で購入が可能であった諸国をスターリング圏外にまで拡大する役割を果たした。**図表IV-2** は第二次大戦期のイギリスに対する食糧・物資供給体制を図式化したものである。ここで示したように，「支払協定圏」はスターリング圏の外縁を構成する形で配置され，海外からの食糧・物資供給体制を拡大していた。

ちなみに，スターリング圏の主要部分を構成した帝国諸国が提供可能であった主な食糧・物資，およびイギリスの全輸入に占める帝国産品の割合を示すと，以下のようになる。1934 年時点の推計によると，小麦 63.3%，紅茶 88.9%，ココア 90.7%，スパイス 77.6%，砂糖 64.2%，食肉 32.1%，バター 53.5%，チー

図表IV-1……各国の封鎖ポンド保有額（1945 年 12 月 31 日時点）

（単位：100 万ポンド）

スターリング圏		非スターリング圏	
インド，パキスタン	1,300	エジプト，スーダン	400
エール	190	パレスチナ，トランス・ヨルダン	120
オーストラリア	110	アルゼンチン	105
ニュージーランド	80	ポルトガル	80
セイロン	70	ノルウェー	80
南アフリカ	70	イラク	70
ビルマ	25	ブラジル	35
その他植民地合計	515	スウェーデン	30
合計	2,360	合計	920

出所：T 267/29, "Sterling Balances since the War", *Treasury Historical Memorandum*, No. 16, The National Archives, pp. 11-12 より作成。

ズ 88.9%，銅鉱石 80.0%，精錬銅 47.4%，精錬スズ 89.4%，原油 5.9%，原綿 17.1%，羊毛 83.4%，ジュート 98.8%，亜麻仁油 60.5%，天然ゴム 79.7% であった[14]。このように，スターリング圏は多様な産品をイギリスに供給しており，また，ジュートのようにイギリス市場を独占していた産品も存在していた。

　一方で，食肉，銅，原油等の食糧・物資におけるスターリング圏の供給力には限界があった。これらは戦時中に重要性を増していた食糧・原料であった。また，当時のイギリスの主要食糧品の自給率も，穀物類 13%，食肉類 50%，脂肪（バター，マーガリン，ラード）11% と低く[15]，比較的自給率が高い食肉類に関しても，家畜飼料の大部分は輸入に依存している状況であった。さらに，石油の自給率は 4%，鉛 8%，スズ 8%，羊毛 16%，木材 14%，亜鉛 2%，という状況であった[16]。このように，イギリス国内市場と帝国市場が戦時需要を満たす能力に限界があったことを考えると，「支払協定圏」の意義は軽視できないものであった。

　また，特に大戦初期において支払協定は大きな役割を果たしたと思われる。モグリッジによると，1939 年 9 月から 1945 年 12 月までの期間におけるイギリスの経常収支赤字は累計で約 100 億ポンドであり，イギリスはこのうち約 54 億ポンドをレンド・リースによって，約 35 億ポンドを短期性の対外債務，約 11 億ポンドを海外資産，そして約 1 億ポンドを金・外貨準備の取崩しによって決済した[17]。

　確かに，大戦期を通してみれば，レンド・リースの重要性が際立っていた

図表IV-2……第二次大戦期のイギリスに対する食料・物資供給体制

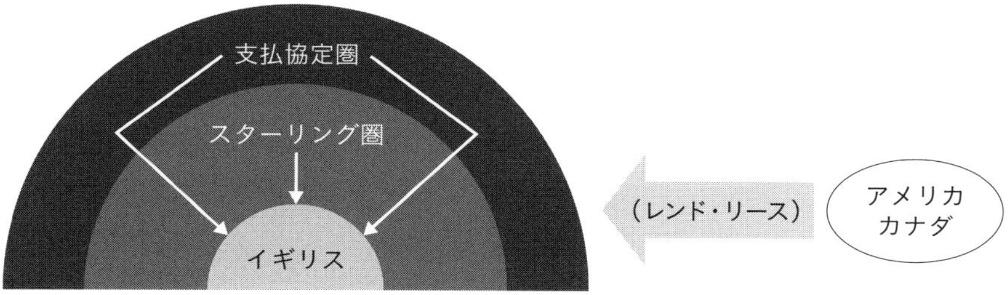

出所：筆者作成。

が，イギリスは武器貸与法成立までの間，アメリカとの貿易においては「現金払い・自国船輸送」（Cash and Carry）の原則の下，金かドルによる支払いを要求されていた[18]。したがって，1940年6月のフランス降伏後から武器貸与法成立までの約1年間，イギリスは何ら対外的な経済支援を受けることなく，独力で大国ドイツとの戦争を継続していたのである。かかる状況下，金や外貨を必要とせずに戦争遂行上必要な食糧・物資の調達が可能であったスターリング圏や「支払協定圏」の意義は大きかったといえよう。

2. 支払協定の締結と更新

　前節では，第二次大戦勃発後におけるイギリスの対外経済政策において，支払協定が重要な意義を持っていたことを確認した。これを踏まえ，支払協定が締結された経緯，同協定の内容，その後の更新によってその内容がいかに変化していったのかをみていく。しかしその前に，第二次大戦の勃発以降，アルゼンチンがイギリスに対する食肉供給基地としていかに重要な役割を担うに至ったのかを簡単に確認しておきたい。

(1) 「食肉供給基地」アルゼンチン・・

　大戦の勃発に伴い，イギリスにおける食肉需要は民需，軍需ともに飛躍的に拡大することとなった。かかる事態を受け，1941年以降，英国戦時内閣輸入担当局は，輸送距離が短くて済み，イギリス海軍によって安全が確保されていた大西洋航路を利用するアルゼンチンからの食肉輸入を優先する政策を実施していく[19]。同時に，アルゼンチン側においても，骨の除去，缶詰加工，冷蔵食肉から冷凍食肉への転換などの努力がなされ，輸送スペースの徹底した節約が図られていった[20]。

　この結果，アルゼンチンはイギリスに対する食肉供給能力を高めることに成功した。**図表IV-3**は，イギリスが大戦中に食肉，特に缶詰肉の輸入を著増させたこと，また，アルゼンチンがイギリスに対する食肉の輸出を増大させたことを示している。大戦中，イギリスはアルゼンチンの冷凍牛肉のすべて，缶詰

第IV章 英・アルゼンチン支払協定と封鎖ポンドの蓄積

図表IV-3……イギリスの食肉輸入量とアルゼンチンの対英食肉輸出量

（単位：1,000 トン）

	1934–38年平均	1940年	1941年	1942年	1943年
イギリスの食肉輸入量					
缶詰肉を除く食肉	1,423	1,298	1,203	1,301	1,358
缶詰肉	63	116	230	282	300
アルゼンチンの対英食肉輸出量					
牛肉，豚肉，羊肉	404	340	446	503	464
缶詰肉	39	59	88	44	64

出所：Egoroff, op. cit., P. 28 より作成。

肉の約3分の2を購入していた（1944年には全缶詰輸出の実に85%を購入）。かかる状況から，ある論者は大戦中のアルゼンチンをイギリスの「食肉貯蔵庫」（meat locker）と表現している[21]。

　さらにイギリスは，「連合国の購買代理商」としての役割も果たしていた[22]。大戦中の英・アルゼンチン間の食肉貿易は，暫定的な協定の下で行われていたが，1943年においては，イギリスは連合国のために150万トンもの牛肉，羊肉，豚肉，その他食肉関連品を購入することが取り決められた[23]。また，アルゼンチン，ブラジル，パラグアイ，そしてウルグアイの缶詰肉は，すべてイギリスが一括して輸入し，連合国に再輸出することが英米の間で合意されていた[24]。すなわち，イギリスは連合国のために食肉の中継貿易を行っていたのである。

　一方，アルゼンチンの輸出品目の構成は劇的に変化した。19世紀末ばから大戦前までのアルゼンチンは，いわば「世界の食糧庫」とでも称すべき巨大な農牧産品輸出国であった。ちなみに，当時のアルゼンチンの各産品の世界全体の輸出に占める割合は，トウモロコシ63%，小麦20%，亜麻仁85%，牛肉57%であった[25]。しかし，大戦の勃発に伴い，戦前のアルゼンチンの輸出総額において首位の座を占めていた穀物（主にトウモロコシと小麦）は，大戦中に急拡大をみた食肉類にその座を奪われることになった（**図表IV-4**）。以上のよ

図表IV-4……アルゼンチンの主要輸出品の変化

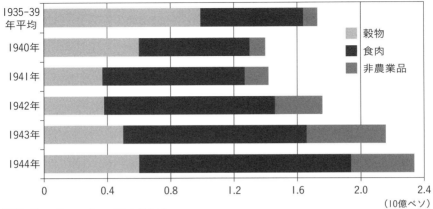

出所：Egoroff, op. cit., p. 28 より作成。

うに，大戦期におけるイギリスの必要性によって，アルゼンチンは「世界の食糧庫」からイギリス，さらには連合国の「食肉貯蔵庫」へと転換されたのである。

しかし，金・外貨不足に悩むイギリスが，アルゼンチンから大量かつ継続的に食肉を調達するには，特別な金融的仕組みが必要であった。なぜなら，自由な交換性を持たない通貨での支払いを，アルゼンチンは当然拒否したからである。まさに，上記の仕組みこそがイギリス側の積極的な働きかけでアルゼンチンとの間で締結された支払協定であった。以下，これについて検討していきたい。

(2) 支払協定の締結…………………………………………………………………

第Ⅱ章でみたように，ロカ・ランシマン協定においてイギリスはアルゼンチンに対し，1932年度における食肉輸入レベルの維持を約束する一方で，借換債をロンドン債券市場において発行することも認めた。また，1936年に同協定が更新された際にアルゼンチンは，対英輸出によって稼得したポンドのうち150万ポンドを，イギリス以外の第三国（実際にはアメリカ）に対する経常的

支払いに使用することが認められた[26]。

　しかし，開戦時，イギリスのアルゼンチンからの輸入に対する決済において，両国の間で問題が生じることとなる。すなわち，イギリス側がポンドでの支払いを求める一方で，アルゼンチン側がドルかペソでの支払いを求めるという事態が生じたのである[27]。上記協定によると，イギリスは購入代金を少なくとも 150 万ポンド分まではアルゼンチン側の要求通りの通貨で支払う必要があった。ところが，可能な限りドルやペソでの支払いを避けたいイギリス側は，イングランド銀行と BCRA 間の非公式なチャンネルを通してポンドでの支払いを要求したのである。

　ところで，かかる非公式の交渉が可能であった理由は，1930 年代において構築された英・アルゼンチン間の人的な関係にあった。第Ⅲ章でみたように，イングランド銀行のニーマイヤーは，BCRA 創設法の草案を作成し，また，イングランド銀行のパウエルは BCRA のアドバイザーとしてアルゼンチンに 1 年間滞在していた。かかる機会を通して両行の間に密接な人的関係が構築されていたのである。

　さて，1939 年 9 月 20 日，ポンドでの受け取りを渋る BCRA に対し，イングランド銀行は以下の内容の電報を送付する。

　「金融的障害が取り除かれることによって，かつてない規模で両国間の貿易とビジネスが発展していくことを望む。ポンド以外での支払いに関する金融的規則は，不必要な複雑さや遅延を引き起こすのみならず，わが国とアルゼンチン間の貿易量を抑制することになろう。」[28]

　1939 年 9 月 22 日，BCRA は，今後アルゼンチン側が保有することになるポンドの価値が金との関係で保証されることを条件として，ポンドによる支払いを受け入れる意思を表明した[29]。ポンド相場がドルに限らずペソに対しても下げ基調にあった状況から，かかる要求は当然のことといえた[30]。これを受け，イングランド銀行はアルゼンチン側が要求する金による保証を与え，支払協定の締結が実現することとなる。

　この協定の規定により，アルゼンチンがイギリスに対する輸出によって稼得したポンドは，イングランド銀行の BCRA 名義の特別勘定に入金されること

なった。同時に，同口座に預金されたポンドのうち，100万ポンドを超える分に関しては，金別置条項（setting-aside-gold clause）による保証が与えられた[31]。これにより，特別勘定内のポンド建て預金は，為替相場の変動による目減りから保護された一方で，金別置条項による保証を与えられた部分に対しては利子が付されないこととされた。

　しかし，アルゼンチン側は金を自由に引き出すことを禁じられ，しかも支払協定が失効する時点でイングランド銀行に再販売する義務を負わされた。確かに，もしポンド相場が金に対して割安になった場合は，特別勘定内のポンド建て預金は増大することとなる。しかし，あくまでも封鎖ポンドの総額が増えるのみであり，アルゼンチンの保有する金の量が増大するわけではない。いずれにせよ，イギリス側が金を喪失する，あるいはアルゼンチン側が金を獲得するような事態が生じる可能性は皆無であった。

　第二次大戦期イギリスの「戦争経済」に関する古典的名著とされるハンコックとゴウィングの共著は，英・アルゼンチン間の支払協定について以下のように総括している。少し長くなるが引用したい。

　「1939年10月27日（正確には10月25日），イギリス政府は非常に励みになる支払協定をアルゼンチンとの間に締結した。アルゼンチンは重要な食肉供給国であった。この協定は後に修正され，その後中立諸国と締結された同様の協定のモデルとなった。大雑把にその効力を述べると，イギリス政府が即座に支払うことなしに輸入を継続することを可能にすることであった。アルゼンチンの輸出業者に支払われるべき金額は，イングランド銀行の特別勘定に入金された。その勘定はBCRA名義の口座であった。その残高には金による保証がなされ，後に支払われることとなった。このように中立国であるアルゼンチンは，スターリング圏のメンバーと同様に，交戦国イギリスに自らの資金を貸し出す用意があることを示したのである。別言すれば，イギリスはもともと硬貨とみなされていた通貨を軟化させることに成功したのである。」[32]

　要点をまとめると，①アルゼンチンとの協定がその後の支払協定のモデルになったこと，②英・アルゼンチン間の金融・経済的関係は，イギリスとスターリング圏諸国との関係と類似するものとなったこと，③イギリスは既に2回も

減価した（1931年9月と1939年8月）通貨であるポンドを用いて，戦時中を通して重要な食糧品を「ツケ払い」で購入する仕組みを確立したこと，以上となる。ではなぜ，国際通貨としての価値を大きく減じたポンドを，アルゼンチンは戦時中を通して受け入れ続けたのであろうか。この理由を，支払協定の更新に関わるイングランド銀行とBCRA間の交渉の中に見出していきたい。

⑶　支払協定の更新

　イングランド銀行は封鎖ポンドに対し，金別置条項による保証を与えたことによって支払協定のすみやかな締結を実現した。しかし，これは有効期限3カ月間の暫定協定であったため，1940年1月1日ニーマイヤーは大蔵省のウェイリー（S. D. Waley）に対して，協定の更新が必要であると告げている[33]。そして実際に，同年1月25日，BCRAはイギリス側の要請を即座に受諾し，第1回目の更新は滞りなく実現された。

　ところが，この1月25日に更新された協定の失効日が近づくと，アルゼンチンは金別置条項による保証の継続に加え，1936年協定を根拠とする150万ポンド分の自由兌換権も要求したのである[34]。イギリスはかかるアルゼンチン側の要求に応え，同年4月25日に支払協定は再度更新されることとなった[35]。

　しかし，150万ポンドを超える分の封鎖ポンドに関しては，イングランド銀行に再販売することを条件として金との兌換が認められた。これに関してイングランド銀行総裁アドバイザー（後にイングランド銀行の総裁）コボウルド（C. F. Cobbold）は，アルゼンチン側にとっては魅力的にみえるが，実はイギリス側に有利な取決めであるとしている[36]。確かに，実際には150万ポンド分の金兌換しか認めない支払協定は，イギリス側にとって有利な協定であったといえよう。

　ところが，1940年6月24日，大蔵省のウェイリーはニーマイヤーに対し，アルゼンチンとの間に，より有効期限の長い正式な協定を締結するよう提案する[37]。この協定の要点は，戦時中にアルゼンチンからの食糧輸入を確実なものとするために，同国からペソ建ての長期借款を受けるというものであった。おそらく，ウェイリーは同時期のフランス降伏という事態に危機感を抱きかかる

提案をしたと思われる。

　しかし，このウェイリーの提案に対して食糧省のハットン（M. I. Hutton）から疑義が出された。1940年7月5日，ハットンはウェイリーに対し以下のように書き送っている。

　「我々は既に，一定の制限はあるが，支払協定の下で当座貸越しによる短期借入を実現している。（中略）……我々はペソのポンドに対する減価とアルゼンチン国内のインフレーションを奨励すべきである。」[38]

　以上の引用からハットンは，アルゼンチンからの輸入拡大→封鎖ポンドの増大→アルゼンチン国内の通貨量増大＝インフレーションの発生，という事態の推移を予想していたことがわかる。ハットンはアルゼンチンにインフレーションを押しつけることになろうとも，輸入を拡大すべきであり，また実際にかかる状態での輸入が実現できている現状を変更すべきではないと考えていた。

　さらに，イングランド銀行のコボウルドも同様の考えであったことがわかる。

　「開戦時，大蔵省とイングランド銀行はアルゼンチンにポンドを受け入れさせるために，ある種の金による保証を与える必要があった。（中略）……アルゼンチンは金を自由に使用する権利を与えられていないにもかかわらず，きわめて幸せなスターリングの保有者（fairly happy holders of sterling）となっている。」[39]

　このように，コボウルドも，アルゼンチン側が封鎖ポンドの保有に対して特段の不満を表明していない現状において，あえて長期的な協定を締結する必要はないとしていた。結局，ハットンやコボウルドの反対によって，ウェイリーの計画は葬られることとなり，4月25日の協定は10月25日に再度更新されることとなった。

　しかし，この際，支払協定の内容に重要な変更が加えられた。すなわち，従来の封鎖ポンドに対する金別置条項による保証が廃止され，新たに金による為替保証（revaluation guarantee）が導入されたのである。これにより，BCRA名義の特別勘定内の封鎖ポンドは，為替保証によってポンド相場の軟化による総額の目減りという事態から保護されることとなった。これはイギリス側からすれば重要な意味を持つ変更であった。つまり，イングランド銀行はBCRAの特

108

別勘定に別置されていた約625万ポンド相当の金を，自由に使用できるように
なったのである[40]。このように，可能な限り金・外貨の節約を目指していた
イギリス側にとって，10月25日の更新は非常に大きな意義を有していたとい
える。

　なお，金別置条項による保証を与えるか，金による為替保証を与えるかに関
しては，状況によって変化する交渉力に応じて，あるいはイギリスが必要とし
ていた食糧・物資，原料をある国が保有しているか否かによって決定されてい
た。例えばペルーに関しては，もともとは支払協定の中に金別置条項による保
証が与えられるという条文が存在していたが，特別勘定の開設をペルー側が欲
していたことが明らかになると，金による為替保証に変更された[41]。一方で，
硝石を産出するチリ，スズを産出するボリビアに対しては，金別置条項による
保証が与えられていた[42]。この事実からしても，金別置条項による保証より
も，金による為替保証の方がイギリス側にとっては有利なものだったことがわ
かる。

　以上，支払協定の締結・更新に関わる交渉についてみてきたが，支払協定締
結の結果アルゼンチンは，1945年半ばにおいて約8,600万ポンドの封鎖ポン
ドを保有するに至った[43]。同時期の封鎖ポンドの総額が約33億5,400万ポン
ド，そしてインドの保有する封鎖ポンドが約11億1,600万ポンドであること
を考えると，上記の額はさほど大きなものとはいえない。ちなみに，上記総額
に占めるアルゼンチンの封鎖ポンドの割合はわずか約4%であるのに対し，イ
ンドが占める割合は約3分の1であった。

　しかし，1億ポンドという額は，アルゼンチンの国家財政や貿易規模からす
れば巨額である。当時の相場（売相場）で1億ポンドは約16億ペソとなる
が[44]，1946年度のアルゼンチンの歳入は25億8,700万ポンド，歳出は30億
4,100万ペソであった[45]。また，1946年度の商品貿易における輸出総額は46
億2,700万ペソ，輸入総額は23億3,200百万ペソ，貿易黒字の額は22億9,500
万ペソであった[46]。すなわち封鎖ポンドの総額は，アルゼンチンの歳入の約3
分の2，歳出の約半分，輸出総額の約3分の1，輸入総額の約3分の2，貿易
黒字の約4分の3に相当する額だったのである。

3. 封鎖ポンドの蓄積

本節では，イギリスによる「非公式支配」の行使＝支払協定締結により蓄積された封鎖ポンドが，アルゼンチンの通貨・金融システムにおいていかに取り扱われ，それが同国の経済にいかなる影響を及ぼしたのかをみていきたい。

(1) 封鎖ポンドの位置づけ……………………………………………………………

次章で詳しくみていくが，第二次大戦期アルゼンチンの指導層が第一に目指したことは，伝統的な輸出部門（食肉と穀物）の保護であった。そして，かかる目的を持つ指導層の存在は，イギリスが「非公式支配」を効果的に実行していく上で，有利に作用したと考えられる。また，イギリス側も当該期アルゼンチン指導層の目的を十分認識していたことは，英国農務省ハットンの以下の見解によって確認できよう。

「我国とフランスによる食肉輸入が減少したこと，そしてトウモロコシと亜麻仁が余っていること，これらの状況が持つ政治的意味について考えるべきである。我国はアルゼンチンの食糧の最大の購入国である。（中略）……最初にすべきことは，アルゼンチンに与えられるべき誘因を発見することである。最良の誘因は戦前に決定された購入レベルを保証してやることである。アルゼンチン側が欲しているのは最低限の経済的な安全性である。アルゼンチンに対し大きな不安と焦燥を与えるべきである。」[47]

戦時中，イギリスがアルゼンチン産食肉の輸入を必要としていたことは既に確認したが，一方でアルゼンチン側も「最低限の経済的な安全性」を確保するために，イギリスに対する食肉輸出を必要としていた。かかる状況を踏まえ，イングランド銀行，そして大蔵省は，あえて有効期間が短い協定を繰り返し更新することによって，アルゼンチン側から最大限の譲歩を引き出すことに成功したのである。アルゼンチン側の視点に立てば，たとえ金やドルと自由に交換できないポンドを蓄積することになろうとも，イギリスに対する食肉輸出を維持する上で支払協定の締結・更新に応ぜざるをえなかった。

第IV章 英・アルゼンチン支払協定と封鎖ポンドの蓄積

また，アルゼンチン側にとっても，封鎖ポンドは重要な意味を有していた。最初に，巨額の封鎖ポンドがいかに取り扱われていたのかを確認しよう。**図表IV-5**で示したように，開戦時から1941年まで横ばいに推移していた封鎖ポンドの額は漸増に転じ，以降着実に増加していく。BCRAの報告書においては，かかる増大に対する危機感が示されると同時に以下のような注目すべき記述がある。すなわち，「封鎖ポンドは兌換可能な通貨と同じ仕方で購入されるのでペソの流通量が増大する」という記述である[48]。これは，アルゼンチンにおいて封鎖ポンドは通貨発行の裏づけになっていたという重要な事実を示している。

実は，12,155号第40条によって，通貨発行のための準備資産のうち80%は金で保有することが義務づけられており，20%以上を外貨で保有することは禁じられていた[49]。しかし，おそらく，イングランド銀行が与えた金別置条項による保証や為替保証などを根拠に，BCRAは封鎖ポンドを金と同等の準備資産として位置づけていたと考えられる。

図表IV-5……通貨発行準備としての封鎖ポンド

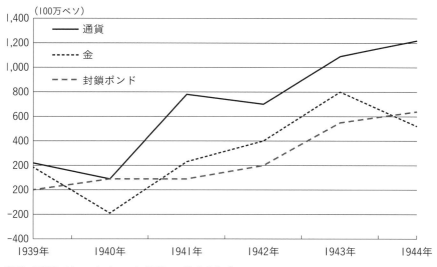

出所：BCRA, *Memoria Annual, 1943*, p. 10 より作成。

しかし，このような封鎖ポンドの解釈，およびかかる解釈を前提とした金融的操作は，当然，インフレーション発生のリスクを伴うものであった。では実際に，封鎖ポンドの蓄積はアルゼンチンにおいてインフレーションを引き起こしたのであろうか。次に，封鎖ポンドの蓄積がアルゼンチンの通貨・経済システムに対しいかなる影響と意味を持ったのかを考察していきたい。

⑵　封鎖ポンド蓄積の影響‥‥‥‥‥‥‥‥‥‥‥‥‥‥‥‥‥‥‥‥‥‥‥‥‥‥‥‥‥‥‥‥

　フォダーは，当該期イギリスの公的資料を検討すると，あたかもアルゼンチンにおいて悪性のインフレーションが発生していたような印象を受けるが，イギリスの政策担当者は実際に生じたインフレーションについては何も話題にしていないと指摘している[50]。すなわち，アルゼンチンにおけるインフレーションの発生という事態は予想されてはいたが，インフレーションが発生することはなかったというのである。そして，この理由は，1936年から1938年にかけて実施されたBCRAによる反循環政策の成功にあるとしている[51]。確かに，上記の時期においては，BCRAは複数の財務省証券を利用し，国際収支の動向を見極めながら，公開市場操作を積極的に行ったことは事実である。

　しかし，第二次大戦期においては，BCRAは公開市場操作をほとんど行っていない。したがって，**図表Ⅳ-5**で示されているように，開戦後，通貨発行量は金と封鎖ポンドの増加と歩調を合わる形で大幅に増大している。だが，確かに景気は過熱気味であったが，当時，悪性のインフレーションが生じることはなかった。なぜであろうか。この理由はBCRAの報告書に記されている。

　「1943年の出来事は興味深い。この年，政府と公的機関は巨額の資金を蓄積したが，これによって実質的に通貨を吸収したのである（中略）……集中的かつ一時的な不胎化，あるいは退蔵は，公衆が保有する当座預金と現金の増大をかなりの程度打ち消した。」[52]

　このように公開市場操作ではなく，政府や公的機関，そして公衆の預金という形で市中の通貨流通量の増大は抑えられていたのである。

　しかし，預金されていた巨額の現金の一部は，国立銀行を介して市中に放出されていた。同行は，19世紀末葉に創設されてから，準中央銀行としての役

割を果たすと同時に、政府の放漫財政の元凶となってきた銀行である。第二次大戦中においても、同行は政府による穀物買い上げ政策に対して巨額の資金を融通していた。これはオリガルキアの意図に合致するものであったが、アルゼンチン経済に何らかの影響を与えたと予想される。では、いかなる影響を与えたのだろうか。

　確かに、国立銀行による融資によって穀物生産者は救済されることとなった。先述のように、アルゼンチンは大戦中食肉輸出に特化するため輸送スペースの節約を図り、トウモロコシや小麦などの穀物は大幅な輸出の減少を余儀なくされた。この結果、1940年1月の1キンタル（quintal）当たりのトウモロコシ価格 6.13 ペソは、同年 12 月初めには 2.88 ペソへと暴落する。かかる状況下で穀物委員会が行った 4.75 ペソでの買い上げ政策が、苦境に喘いでいたトウモロコシ生産者を救済したことは間違いない[53]。

　一方で、これらの買い上げられたトウモロコシの大部分は廃棄されることとなった。1941年8月、穀物委員会は農家や卸売業者に対して在庫を破棄する権限を与え、実際に数百万トンに及ぶ在庫が処分された[54]。小麦についてもトウモロコシと事情はほぼ同じである。最低価格が設定され政府による買い上げがなされたが、最終的に「事故により喪失、あるいは消費に不適合」などの理由によって廃棄されていた[55]。かかる政府による買い上げ政策実施の結果、1942年時点における国立銀行に対する政府の債務総額は 10 億ペソを超えることとなった[56]。

　BCRA の報告書には、穀物買い上げ政策による生活費の増大と卸売物価の上昇はわずかであったと記されているが、同時に、悪性のインフレーションが発生することに対する警告もなされている[57]。確かに、たとえ 1943 年段階においてインフレーションが生じていなくても、封鎖ポンドの額が増大すればするほどインフレーション・リスクが高まることは疑いようのない事実である。アルゼンチンはかかるリスクを負いながらイギリスに対する食肉輸出を継続していたのである。

　また、封鎖ポンドの一部はきわめて無駄に消尽されていたことにも注目すべきである。上述のように、政府が巨費を注いで敢行した穀物買い上げ政策はさ

らなる生産増を招き，在庫を処分しきれなくなった政府はこれらの穀物の焼却・投棄を最終的に許可することとなった。つまり，封鎖ポンドの一部はBCRAを介してペソに転換され，次に政府と国立銀行を通じて穀物に形を変え，最終的に投棄されたのである。

　以上このことは，アルゼンチン経済にとって重要な意味を持っていた。すなわち，支払協定が締結されていなければ，アルゼンチンの輸出所得はポンドを介してドルに転換することが可能であった。そして，このドルはアメリカから工業製品や資本財の輸入に使用することができたはずである。すなわち，アルゼンチンはイギリスの「非公式帝国」下にあったことで，自国にとってより良い選択肢の放棄を余儀なくされたのである。かつてアルゼンチンに高度経済成長という果実をもたらしたイギリスとの関係は，第二次大戦期においてはアルゼンチンの選択肢を制限する桎梏となっていたといえよう。

小括

　これまでみてきたように，第二次大戦期においては，イギリスのアルゼンチンに対する「非公式支配」を示すような事実が明確にみてとれる。すなわち，イングランド銀行は1930年代からBCRAとの間で培ってきた人脈を利用し，またポンドの「残光」（準硬貨としての地位）を背景に，自国に有利な形で支払協定の締結・更新を実現していった。イギリスは大戦中を通して，「関係的権力」を行使することで，すなわち，時宜を得た巧みな交渉を繰り返すことで，アルゼンチンを自らの戦争努力に資する「食糧庫」へと再編したのである。

　かかる状況は，主権国家間の通常の関係では考えられないことである。大戦中，アルゼンチンが生産する食肉は枢軸側に属する諸国も必要としており，中立国であったアルゼンチンは，これら諸国により高値で販売するという選択肢を有していた。また，アルゼンチンはこのような可能性を示唆することで，より有利な条件での食肉輸入をイギリス側に迫ることができたはずである。しかし，アルゼンチンがこのような行動をとらなかった理由の１つは，イギリス側

の巧みな通貨・金融外交が功を奏したからであった。イギリスは政治・外交的圧力を加えることなく，金融的権力の行使のみでアルゼンチンの経済的な面での戦争協力を引き出すことに成功したのである。

しかし，イギリスが成功した理由は，アルゼンチン側の事情にも求めることができる。コンコルダンシアは，その支持基盤であるオリガルキアを主軸とする政治・経済体制を維持する必要があり，そのためには輸出市場が必要であった。次章でみていくように，アメリカとの経済関係の構築が順調に進まない状況下では，たとえ交換性に制限のある外貨しかもたらさなくとも，最大の買い手であるイギリスへの輸出を継続せざるをえなかった。また，封鎖ポンドはアルゼンチンの通貨発行準備として利用することが可能であった。実際，これまでの検討で明らかにしたように，BCRA は封鎖ポンドを準備資産として銀行券を大量に発行し，一次産品の買い上げに使用していたのである。また，大量に買い上げられた穀物は，投棄されることによってインフレーションの発生が抑えられていた。まさに「バラ撒き」と呼べる非生産的政策であったが，一時的に農民の救済策として機能したことも事実である。このように封鎖ポンドの蓄積は，コンコルダンシアの政権維持に資する側面も有していたのである。

イギリスのアルゼンチンに対する「非公式支配」は，軍事・外交的圧力を伴わないことを特徴としている。この点は，「公式帝国」はもとより，アルゼンチンと同じ「非公式帝国」に分類される中国やエジプト等の国とも異なっている。だが，大戦期における英・アルゼンチン関係においては，対等な主権国家間にはみられない非対称性を見出すことが可能である。具体的に言えば，「関係的権力」の行使におけるイギリス側の圧倒的優位と，それを利用した金融・経済面での搾取的政策の展開である。19 世紀末葉から 20 世紀初頭にかけての時期と同様，第二次大戦期においても，アルゼンチンはまさに「非公式帝国」の典型と呼べるような状況にあったのである。

注

1 　秋田茂『イギリス帝国の歴史—アジアから考える—』中公新書，2014年（第6版）206頁。

2 　「金融」の権力とは，信用をコントロールする能力である。信用創造を行う権限を有する主体は，国内経済を統括する権力を有する。同じく，交換性を持つ通貨を創造・供給する国は，国際経済を統括する権力（国際的シニョリッジ）を有することになる。なお，ここで重要なのは，信用を「創造」する能力であって投資に必要な資金を例えば貿易・サービス収支の差額によって蓄積する能力のことではない。これについては，S. Strange, *State and Markets: An Introduction to International Political Economy, 2ⁿᵈ ed.*, Pinter Publishers, 1994（西川潤・佐藤元彦訳『国家と市場—国際政治経済学入門—』ちくま学芸文庫，2020年）邦訳 79-80頁を参照。付言すれば，海外投資余力や海外資産を持つ「豊かな国」と，基軸通貨国との間に存在する権力の差は，途方もなく大きいといえよう。いわゆる「法外な特権」については，B. Eichengreen, *Exorbitant Privilege: The Rise and Fall of the Dollar and the Future of the International Monetary System*, Oxford University Press, 2011（小浜裕久・浅沼信爾『とてつもない特権—君臨する基軸通貨ドルの不安—』勁草書房，2012年）を参照されたい。

3 　アルゼンチンは，イギリス（連合国側）に対して経済的支援をしていたにもかかわらず，政治・外交的には中立の立場を貫くこととなる。当時，アメリカの圧力によって，他のラテン・アメリカ諸国が次々と枢軸国との断交を決断していく中にあって，アルゼンチンは大戦期を通して中立国の立場に固着した。大戦期のアルゼンチンについては，増田義郎編『新版世界各国史26　ラテン・アメリカ史Ⅱ　南アメリカ』山川出版社，2000年，349-353頁を参照されたい。

4 　上川孝夫『国際金融史—国際金本位制から世界金融危機まで—』日本経済評論社，2015年，169-170頁を参照した。

5 　同書 176頁。

6 　上川前掲書 168-174頁。

7 　安東盛人『外国為替概論』有斐閣，1957年，129-130頁を参照。

8 　T 267/29, "Sterling Balances since the War," *Treasury Historical Memorandum*, No. 16, 1972, p. 6, The National Archives.

9 　T 160/1266, J. M. Keynes, "Foreign Exchange and Payments Agreements," 29th July 1940, The National Archives, 1940.

10 　安東前掲書 498頁。

11 　T 160/1266, J. M. Keynes, "Foreign Exchange and Payments Agreements."

12 　M. de P. Abreu, "A 'Blank Cheque'? Portuguese Second World War Sterling Balances, 1940-73," *The Economic History Review*, Vol. 77, No. 2, May, 2014, p. 541.

13 　T 160/1266, C. F. Cobbold, "Payments Agreements: South America," 19ᵗʰ July, 1940, The National Archives.

14 D. K. Fieldhouse, "The Metropolitan Economics of Empire" in J. M. Brown and Wm. R. Louis eds., *The Oxford History of the British Empire: The Twentieth Century*, Oxford University Press, 1999, Chap. 4, p. 101.

15 世界経済調査会編『英国戦時経済概観』大蔵省総務局，1944 年，344 頁。

16 同書 303 頁。

17 D. E. Moggridge, "From War to Peace-The Sterling Balances," *Banker*, No. 122, 1972, p. 1032.

18 アメリカは 1939 年 11 月に中立法を修正し，現金払いと自国船を使用することを条件に武器輸出を解禁していた（上川前掲書 175 頁）。

19 MAF 83/211, War Cabinet (Import Executive), "The Refrigerated Tonnage and Meat Position. Note by the Ministers of Food and Shipping," 31st January, 1941, p. 1, in *Transfer of ships from Australian Route to the River Plate Route to provide Refrigerated Shipping Space for Meat and Daily Produce*, The National Archives.

20 P. P. Egoroff, "Argentina's Agricultural Exports During World War II," in *War-Peace Pamphlets*, No. 8, Food Research Institute, Stanford University, California, 1945, p. 27.

21 E. L. Peffer, "Cordell Hull's Argentine Policy and Britain's Meat Supply," *Inter-American Economic Affairs*, Vol. 10, No. 2, Autumn, 1956, p. 5.

22 W. E. Rudolph, "Argentine Trade under Wartime Conditions," *Geographical Review*, Vol. 34, No. 2, April, 1944, p. 313.

23 Ibid., p. 313.

24 R. A. Humphreys, *Latin America and the Second World War, Volume 2, 1942-1945*, Athlone Press, 1982, p. 242.

25 Egoroff, op. cit., p. 1.

26 1936 年に更新されたロカ・ランシマン協定の条文には具体的数値に関する記述は存在しないが，両国政府において 150 万ポンドという合意が存在した。これについては，T 160/1266, A. R. Fraser (Board of Trade) to S. D. Waley (Treasury), 6th October, 1939, The National Archives を参照。

27 T 160/1266, M. I. Hutton (Ministry of Food), 4th September 1939, The National Archives. この資料には宛先に関する記述がない。

28 T 160/1266, Bank of England to Banco Central de la República Argentina, 20th September, 1939, p. 2, The National Archives.

29 T 160/1266, Banco Central de la República Argentina 6th October 1939, p. 2, The National Archives.

30 1939 年 8 月 24 日，為替平衡勘定による介入が停止された結果，ポンドは 1 ポンド＝4.03 ドルへと切り下げられた。

31 T 160/1266, To Hutton, 4th September, 1939, in Brief Summary of Argentine Payments Agree-

ment, The National Archives. なお，この電信の差出人については不明である。

32 K. Hancock and M. Gowing eds., *British War Economy*, H. M. Stationery Office, 1953, p. 111.

33 T 160/1266, Niemeyer (Bank of England) to Waley, 1st January, 1940, The National Archives.

34 T 160/1266, E.L. Hall-Patch (Treasury) to Fraser, 19th March, 1940, The National Archives.

35 T 160/1266, Cobbold, "Payments Agreements: South America," 19th July, 1940, The National Archives.

36 Ibid.

37 T 160/1266, Waley to Niemeyer, 24th June, 1940, The National Archives.

38 T 160/1266, Hutton to Waley, 5th July, 1940, The National Archives.

39 T 160/1266, Cobbold, "Payments Agreements: South America," 19th July, 1940, The National Archives.

40 R. S. Sayers, *Financial Policy*, 1939–45, HMSO, 1956, p. 445.

41 T 160/1266, Cobbold, "Payments Agreements: South America," 19th July, 1940, The National Archives.

42 Ibid.

43 M. de P. Abreu, "Brazil as a Creditor: Sterling Balances, 1940–1952," *The Economic History Review*, Vol. 43, No. 3, August, 2014, p. 450.

44 M. Balboa, "La Evolución del Balance de pagos de la República Argentina, 1913–1950," *Desarrollo Económico*, Vol. 12, No. 45, 1972, p. 160。

45 R. C. Conde, *The Political Economy of Argentina in the Twentieth Century*, Cambridge University Press, 2009, p. 329.

46 Balboa, op. cit., p. 153.

47 T 160/1266, Hutton to Waley, 5th July, 1940, The National Archives.

48 BCRA, *Annual Report 1942*, Buenos Aires, 1943, p. 16.

49 BCRA, *Annual Report 1939*, Buenos Aires, 1940, p. 7.

50 J. Foder, "The Origin of Argentina's Sterling Balances, 1939–43," in G. di Tella and D. C. M. Platt eds., *The Political Economy of Argentina*, 1880–1946, St. Martin's Press, 1986, pp. 176–177.

51 Ibid., p. 176.

52 BCRA, *Annual Report 1943*, Buenos Aires, 1944, p. 10.

53 Egoroff, op. cit., pp. 10–11.

54 Ibid., p. 13.

55 Ibid., p. 19.

56 BCRA, *Annual Report 1942*, p. 23.

57 BCRA, *Annual Report 1943*, p. 10.

第 V 章 コンコルダンシアによる対米接近の試みとその帰結

本章の課題

　19世紀末葉から20世紀初頭にかけて，アルゼンチンは「南米の奇跡」と呼ばれるほどの経済成長を実現したが，その基本的条件となったのはイギリスを基軸とする多角的決済システムへの編入であった。同システムは一種の国際公共財として機能し，アルゼンチンに世界市場と潤沢な外国資本の利用を可能としたのである。しかし，同時にアルゼンチンはイギリスに対して，政治的には独立国であるが金融・経済面においては，完全に依存した状況に置かれることになった。また，シティの金融的影響力を源泉とするイギリスの「構造的権力」は，第二次世界大戦期に至るまでその影響力を保っていた。このことは，本書Ⅱ〜Ⅳ章の検討で十分に示されたと考える。

　しかし，1943年6月の軍事クーデターは，半世紀にわたって続いてきた英・アルゼンチン間の密接な金融・経済関係を終わらせた。このクーデターは，「統一将校団」（GOU）と呼ばれる陸軍内部の秘密結社によって計画・実行され，1946年にはGOUのペロンが大統領となった[1]。1943年9月付の英国外務省の覚書には，「ペロン大佐（彼が誰なのか我々はまったく知らない）に率いられた謎につつまれた陸軍将校の一群」によって権力が奪われたと記されている[2]。ペロンは政権掌握後，外資との決別を前面に打ち出し，重工業の育成と国有化を断行していった[3]。1943年の軍事クーデターは，イギリスの「コラボレーター」であるオリガルキアの権力失墜，あるいはイギリスによる「非公式支配」の終焉を画する出来事であったといえよう。

　しかし，実はクーデターが発生する前から，アルゼンチンの「イギリス離れ」を示すような動きがコンコルダンシア内で生じていた。すなわち，第二次大戦前夜から初期にかけて，イギリスの「コラボレーション」機能は脆弱化し，コンコルダンシアによる対米接近を図る動きが出てくるのである[4]。本章では，コンコルダンシア末期，つまりオルティスとカスティーリョ（R. S. Castillo）両政権期（1938年2月〜1943年6月）における対米経済関係構築の試みについて検討していく。これにより，「コラボレーター」，あるいは「コラ

ボレーション」の観点から，英・アルゼンチン間の金融・経済関係が破綻するに至った経緯が照射されると同時に，その本質的理由の解明にもつながると考えている。

　本章の構成は以下の通りである。1では，第二次大戦勃発によりアルゼンチンが直面した対外経済関係の激変について概観する。2では，オルティスとカスティーリョ両政権下における対米経済関係構築の試みについてみていく。また，3では，この試みが挫折に至った経緯について，米・アルゼンチン間の「コラボレーション」の視点から論じていきたい。

1. 第二次世界大戦の勃発

　第Ⅱ章でみたように，1930年代初頭において，オリガルキアはイギリスとの貿易・金融関係を強化することによって大不況を切り抜けると同時に，自らの政治・経済的基盤を維持することに成功した。オリガルキアがかろうじて命脈を保つことができた理由は，ロカ・ランシマン協定締結によって輸出市場と資金が与えられたこと，ピネドやプレビッシュによる革新的な経済政策が成功したこと，そしてコンコルダンシアが彼らの活動を許す柔軟性を発揮したこと，以上に求めることができよう。

　しかし，第二次大戦の勃発は，再び「コラボレーター」の経済的基盤を動揺させることとなる。1940年5月，ポーランドに対する電撃戦から半年間余りの静寂を保ってきたドイツは，オランダ，ベルギー，ルクセンブルクへの侵攻を開始し，6月末にはフランスを事実上降伏させるに至る。イギリスはドイツの潜水艦攻撃に対する警戒と民需抑制の観点から輸入量を最低限に抑える一方で，大陸ヨーロッパに対する海上封鎖を徹底化させた。この結果，アルゼンチンは，19世紀末葉来の主要な輸出市場を失い，安定的な外貨獲得の見通しが立たなくなるのである。**図表Ⅴ-1**から，輸出先としてのヨーロッパの割合が，1939年の76.3%から1941年以降は40%台にまで低下していることが確認できる。

　一方，ドイツ占領下の大陸ヨーロッパ諸国，およびイギリスからの輸入も激

図表Ⅴ-1……アルゼンチンの貿易

(%)

年	ヨーロッパ		アメリカ		ラテン・アメリカ／カナダ	
	輸出	輸入	輸出	輸入	輸出	輸入
1939	76.3	60.3	12.0	16.4	9.3	16.1
1940	65.0	38.1	17.7	30.0	13.3	22.0
1941	41.3	27.6	37.0	35.2	16.6	26.7
1942	44.6	31.0	28.5	31.2	21.2	30.8
1943	43.1	37.5	24.3	19.0	24.5	36.4
1944	49.0	22.5	22.7	15.1	25.4	51.8
1945	46.9	30.2	22.2	13.8	27.5	37.2

出所：Cramer, op. cit., p. 543 より作成。

減した。**図表Ⅴ-1** から，輸入先としてのヨーロッパの割合が輸出の場合と同様，大幅に低下していることが確認できる。この結果，アルゼンチンは必需品の輸入先をアメリカ，あるいは近隣のラテン・アメリカ諸国等に転換する必要が生じたのである。アルゼンチンは，これら諸国からの輸入を決済するため，ヨーロッパにおいて唯一開かれていたイギリス市場に対する輸出を拡大していく。しかし，交換可能な外貨を獲得することはできず（封鎖ポンドの蓄積），アルゼンチンは必需品輸入に困難をきたすこととなる。

　かかる中，対外経済の問題を金融的に解決する手法が場当たり的に実施されていった。すなわち，為替差益を用いた輸出補助金の支給である。しかし，1930 年代には 3 億 7,000 万ペソあった為替差益基金は，1940 年末にはわずか3,100 万ペソにまで減少していた[5]。また，公債発行による資金調達の途も絶たれていた。というのも，大戦の勃発により，シティに限らず，主要な国際金融センターでの新規起債は事実上不可能となっていたからである。また，アルゼンチン国内での起債も同様であった[6]。

　この状況を打開するため，ドイツとの関係強化に活路を見出そうとする勢力も存在した。ドイツは短期間のうちに大戦を終結させ，ヨーロッパに「新秩序」を構築すると宣伝していたが，これが実現すればドイツを中心とする巨大

な経済ブロックが出現するはずであった。1940年半ばにおけるドイツの快進撃は，ナチス統治下のヨーロッパの出現の現実性を高め，コンコルダンシアの最右翼を率いていたソロンド（M. S. Sorondo）は，ドイツとの双務的貿易関係の構築を目指していく[7]。確かに，多角的貿易主義を掲げるアメリカが，ドイツのアスキ・マルクを利用した貿易を拒んでいた中で，アルゼンチンはドイツと有利な協定を締結できる可能性があった。

　だが，コンコルダンシアの大勢はアメリカとの関係強化を志向していた。彼らはドイツとの接近を図る一派の存在を交渉上のカードとして利用し，アメリカとの経済関係強化を図っていく。例えば，アルゼンチン政府は，在ブエノス・アイレスの米国大使館を通じて，アルゼンチンが枢軸国側に加担することを防ぐ最良の方法は，アメリカ側が関税率の大幅な引き下げを含む，アルゼンチンとの包括的な経済協力計画を実施することにあると訴えていた[8]。このように，1930年代にイギリスとの関係強化を図る上で主軸的役割を果たしたピネドやプレビッシュは，この時期にはアメリカとの関係強化を求めていたのである。

2. 対米経済関係構築の試み

　本節では，オルティスとカスティーリョ，両政権下における対米経済関係構築の試みについてみていく。

⑴　オルティス政権による対米経済関係構築の試み･･･････････････････････････

　最初に，オルティス政権が対米経済関係の強化を図っていった背景について，次に同政権が遂行した対米通商交渉についてみていきたい。

①　オルティス政権の成立

　オルティスはフストの後継者として，コンコルダンシアの全面的支持を受け大統領選挙に立候補した。しかし，1937年末に行われた大統領選挙の得票率は，コンコルダンシアが53%，急進党が41%，社会党が3%という結果であった[9]。ちなみにフストが大統領に選出された1931年の選挙においては，コンコ

123

ルダンシアの得票率は 61% であった[10]。シリアによると，オルティス政権は賄
賂や特権供与等の不正手段に頼ることで，かろうじて政権を獲得したのであ
る[11]。それゆえ，オルティス政権は急進党をはじめとする野党の激しい批判を
受けながらの政策運営を余儀なくされていく。

　ところで，オルティスは，フスト政権下でピネドの後任として財務大臣を務
めた経験があった。当時はピネドの経済政策をほぼ継承し，イギリスとの経済
関係を重視する方針であったが，大統領になると対米経済関係を重視するよう
になっていく。このことは，1939 年 5 月末に行われたオルティスの演説から
明らかである。

　「世界貿易に決定的影響を与えうる経済政策を発動する大国が関税を低く
し，輸入制限を緩めるのであれば，アルゼンチンは間違いなく自由貿易のシス
テムを選びます。（中略）……多角的貿易は，我々の利害に合致するものであ
ります。」[12]

　言うまでもなく，上記演説における「大国」とは，イギリスではなくアメリ
カのことを指している。さらに演説の末尾で，国務長官ハル（C. Hull）が，
1934 年 6 月の互恵通商協定法（Reciprocal Trade Agreements Act）成立以降熱
心に唱導していた「自由・無差別・多角的」の原則に対する志向が示されてい
る[13]。これらのことから，オルティスの発言は，当時のアルゼンチン政府の対
外経済政策が，イギリスよりもアメリカとの関係を重視する路線に傾きつつ
あったことを示唆しているといえよう。

　では，なぜオルティスは親米的発言をしたのだろうか。シリアによると，オ
ルティスは「イギリス人に大いなる尊敬をえていた人物」であった[14]。これは
彼が，急進党アルヴェアール（M. T. Alvear）政権の下で，公共事業大臣や英
系鉄道会社の調査委員会の委員長を務め，常にイギリスに対して便宜を図って
きたことで得た「尊敬」であった[15]。したがって，オルティスの個人的気質は
むしろ親英的であり，それが上述の親米的発言をさせたとはいえないのであ
る。そうではなく，その理由は大戦前夜の不穏な国際情勢と急進党の勢力拡大
という国内情勢に求めることができる。

　周知のようにヒトラー政権下のドイツは，1938 年 3 月のオーストリア併合，

翌年3月のミュンヘン協定を無視したチェコ進駐により，その軍事力を世界にみせつけた。この影響を受けて，アルゼンチンにおいて親ドイツ派によるプロパガンダや非合法組織による反政府活動が活発化することとなる。イタリアやスペインからの移民が多数存在したアルゼンチンにおいては，親独派による軍事政権の確立という可能性もあった[16]。オルティスはアメリカへの接近を強調することで，親独派の動きを牽制しようと考えていたのである。

　また，オルティス政権にとってより深刻だったのは急進党の動向であった。コンコルダンシアの不正選挙に対する批判が高まるにつれ，急進党に対する国民の支持率が高まっていった。かかる事態に対し，コンコルダンシアは，政権維持のためにますます賄賂や特権供与に依存せざるをえないという悪循環に陥っていた。かように，コンコルダンシアを取り巻く環境は厳しさを増していたのである。このことはイギリスにとって「コラボレーション」の機能が低下しつつあったことを意味していた。

②　対米通商交渉

　それでは，オルティス政権の対米経済関係構築の試みについてみていこう。1939年8月からおよそ半年間，オルティス政権の外務大臣カンティーロ（R. M. Cantilo）と駐アルゼンチン米国大使アーマー（N. Armour）との間で通商交渉が持たれたが，協定の締結は実現しなかった[17]。

　理由の1つは，アメリカ国内の農業利害を代表する野党議員の反対が挙げられる[18]。ハルによると，彼らは農産物の追加的輸入はその分だけ市場を奪うことになるという，典型的な保護主義的論理を展開していた[19]。互恵通商政策が開始されてから既に5年の歳月が経っていたにもかかわらず，アメリカの保護主義は根強く残っていたのである。だが，1930年のホーリー・スムート関税の悪影響，それに対する1934年に導入された互恵通商政策の成果に対する認識が浸透しつつあった中で[20]，国内保護主義者の反発が米・アルゼンチン互恵通商協定が不首尾に終わった主たる理由とは考えられない。実は，より大きな理由はアルゼンチンの側に求めることができる。アーマーは以下のように説明している。

「昨年 5 月に行われた演説から判るように，大統領は二国間主義的通商原理よりも多角的な原理を好んでおります。（中略）……その上，大統領は急進党との接近を欲しています。アメリカとの通商協定は，リベラルな政治的傾向を示すことになり，それは急進党の支持を得ることにつながります。（中略）……通商交渉の成否は大統領と外務大臣が，中央銀行のプレビッシュ博士に率いられた一群の官僚から主導権を奪えるか否か，ということにかかっておりました。（中略）……しかし，プレビッシュ博士には強力な影響力があり，彼は二国間の貿易収支に固執しております。このことが，交渉を失敗に終わらせた主な原因でした。」[21]

　この電報から，以下のことが確認できるであろう。第一に，「昨年 5 月の演説」とは先に引用したオルティスの国会演説のことであるが，彼がかかる演説を行った背景には急進党に対する配慮があったこと，第二に，対米接近の姿勢は，急進党に対して「リベラルさ」を示すことになったということである。確かに，当時の急進党は，ロカ・ランシマン協定の締結で示されたコンコルダンシアの対英従属的姿勢に反感を抱いており，アメリカへの接近はその意図するところが何であれ，急進党の批判をかわすことになったのである。アーマーの電報は，オルティスが親米的対外経済政策を志向した理由を明確に示しているといえよう。

　また，通商交渉において，アルゼンチン側は大統領と外務大臣の意見と，プレビッシュの意見とに分裂していたこと，そして最終的に後者の意見が通り，通商交渉が決裂したことが確認できる。では，なぜプレビッシュは交渉を決裂させたのであろうか。

　1935 年以降 BCRA 総支配人であったプレビッシュは財務大臣ピネドとともに，フスト政権下で親英的政策を推進してきた人物である。ちなみにプレビッシュは，ロカ・ランシマン協定締結の際，通商交渉におけるアルゼンチン側の実務上の代表者としてロンドンに赴いている。このことから，プレビッシュの親英的態度が，米・アルゼンチン間の通商協定の締結を挫折させたという結論が導かれそうだが，事はそう単純ではない。

　プレビッシュが交渉を打ち切った理由は，1940 年 1 月 8 日の国務省広報を

みることで明らかとなる。これによると，通商交渉が失敗に終わった理由は，
食肉等の対米輸出拡大の要求に対して，アメリカ側から好意的な回答が得られ
なかったことにあった[22]。プレビッシュは上記品目について，アメリカの輸入
拡大を断固として求めていたのである。では，なぜプレビッシュは通商交渉破
綻の危険をおかしてまで，輸入拡大を求めたのだろうか。

　前章の**図表IV-4**で示したように，アルゼンチンは大戦期に輸出品構成を大
きく変化させた。すなわち，穀物の割合を大きく低下させる一方で，食肉輸出
の割合を急拡大させたのである。しかし，アメリカはアルゼンチンからの食肉
輸入を増やしていない。これは，アメリカ自身が巨大な食肉生産国であったこ
ともあるが，衛生上の理由によりアルゼンチンからの食肉輸入を規制していた
ことも理由であった[23]。アメリカは1930年関税法306条(a)項の規定をアルゼ
ンチン産の食肉に適用していたが，この条項は「口蹄病に感染した牛が発見さ
れた国からは輸入に制限を課す」という内容であった[24]。しかし，口蹄病はほ
とんどの国の飼育牛にみられた病気であり，罹患した牛から製造された食肉で
あっても，加熱処理することで問題なく消費可能であった。実際，当時イギリ
スはアルゼンチンから大量の食肉を輸入していた。

　したがって，この法律はアルゼンチン側の強い反発を招くこととなった。
ウェイルは，同法は「アルゼンチンに対して経済的ダメージを与えたのみなら
ず，アルゼンチン人の愛国心やプライドを傷つけることになった」と記してい
る[25]。この批判は，1930年関税法がいかに不合理なものであるかを示してい
る。言うまでもなく，アルゼンチンの食肉に対する不当な扱いは，アメリカ中
西部の食肉生産者利害を背景としていた[26]。

　いずれにせよプレビッシュは，アメリカがアルゼンチンからの食肉輸入を拡
大することを断固として求めていたのであり，この要求に対するアメリカの回
答に満足がいかず通商交渉を打ち切ったのである。しかし，先に述べたような
国内政治状況に鑑みれば，オルティスにとって，不満足な内容であってもアメ
リカとの間で通商協定を締結する意味はあったはずである。しかし，結果とし
てプレビッシュの反対により協定締結は実現しなかった。ここで問題となるの
は，なぜプレビッシュがかくも強硬に食肉や亜麻仁の輸入拡大を求めたのか，

ということである。結論的に言えば，その理由は封鎖ポンドの蓄積にあった。

アルゼンチンの視点からみれば，封鎖ポンドの累増は主要な外貨獲得源であったイギリスとの貿易関係が破綻したことを意味していた。なぜなら，アルゼンチンはいくらイギリスに対する輸出を拡大しても，それは自由に交換できる外貨をもたらさないからである。かかる状況に鑑み，プレビッシュはドルの安定的獲得を保証することとなる輸入拡大を，アメリカに対して断固求めたのである。オルティスが国内政治状況への配慮から，あるいはカンティーロが外交的パフォーマンスとして安易に通商協定を締結することは，プレビッシュとしては許されざることであった。

以上でみたように，アルゼンチン側に通商協定締結への強い期待があったにもかかわらず，アメリカとの通商交渉は不首尾に終わった。しかし，プレビッシュは通商交渉を棚上げにしつつ，別の手段によってドルの獲得を目指していく。すなわち，アメリカからの借入れである。これについては後に検討していきたい。

⑵　カスティーリョ政権による対米経済関係構築の試み……………………

本節では，1940 年 7 月に，オルティスから政権を引き継いだカスティーリョ政権下の対外経済政策についてみていく。

①　ピネド計画

政権を移譲されたカスティーリョは，すぐに内閣改造を行い，外務大臣にはロカ，財務大臣にはピネドを任命した[27]。財務大臣に返り咲いたピネドは，「経済再生計画」（Plan de Reactivación Económica，以下「ピネド計画」）を作成し[28]，1940 年 11 月，同計画は大統領カスティーリョによって国会（上院）に提出された[29]。ピネド計画の詳細や歴史的意義については先行研究にゆずり[30]，ここではもっぱら英・アルゼンチン関係における意義について考察していきたい。

ピネド計画の要点は，①穀物補助金政策の恒久化，②輸出促進（特にこれまであまり輸出されてこなかった品目の輸出拡大），③外債の償還と外国経営の

第V章

コンコルダンシアによる
対米接近の試みとその帰結

公共事業会社（主に鉄道会社）の買収，④低所得者層向け住宅建設，⑤工業の育成・発展，以上となる[31]。

一見してわかるように，この計画はアルゼンチンのイギリスに対する金融的依存関係の弛緩を示す，あるいはその方向性を助長する内容であった。③の外債の償還と英系鉄道会社の国有化は明確にイギリス資本との決別を示しているが，農牧業者に対する補助金政策や住宅建設計画，そして工業の育成・発展等の計画も，イギリスに対する金融的依存関係の弛緩をもたらすものであった。というのも，これらの計画を実現するための資金は，イギリスからの借入れではなく，1935年の創設以降，着実な発展を遂げてきたBCRAの金融的操作によって捻出されることになっていたからである。このことはBCRAがイングランド銀行の思惑から外れ，アルゼンチンのイギリスに対する金融・経済関係を弱体化させる方向に成長していったことを示している。

また，ピネド計画はアメリカとの経済関係強化を前提に作成されていた。例えば，②の「これまであまり輸出されてこなかった品目」とは，ワイン，その他アルコール飲料，チーズ，タングステン，亜鉛等のことであるが，これらはすべてアメリカで需要がある品目であり[32]，対米輸出の拡大が目指されていた。⑤の工業の育成・発展のための資金についても，BCRAによる金融的操作に頼ることもできたが，アメリカからの長期借款の獲得が最良の選択肢であった[33]。また，工業化にはアメリカから原料や資材・設備を調達する必要があったが，当時の状況からすれば，その資金的裏づけは対米貿易黒字か，アメリカからの借款しかありえなかった。繰り返しになるが，ピネド計画はイギリスではなく，アメリカとの経済関係の強化を前提として組み立てられていたのである。

さて，最終的にピネド計画は上院で承認されたが，急進党が過半数を占めていた下院の承認を得ることができず廃案となった。ピネド計画は都市労働者を主な支持基盤とする急進党にも支持される内容を多々含んでいたが，急進党はコンコルダンシアの不正選挙に対する反発から国会審議を拒否したのである[34]。かように，ピネド計画は政治的思惑によって廃案を余儀なくされたが，同計画で示された諸政策自体は，その後個別に実行に移されていく。したがっ

129

て，ピネド計画の内容は，当時のアルゼンチン政府の方針を体系的に示すものと解釈してよいであろう。

では最後に，ピネド計画について，英・アルゼンチン関係の視点から総括しておこう。ピネド計画からは，イギリスとの金融・経済関係の脆弱化を踏まえ，世界経済の新たな中心となりつつあったアメリカとの関係強化を図ろうとする意図が明確にみてとれる。確かに，アメリカとの関係強化は，対外経済問題を解決するのみならず，コンコルダンシアの政治的権力を強化することにも貢献したであろう[35]。アルゼンチンの「コラボレーター」は，イギリスとの関係を見限り，アメリカとの「コラボレーション」の途を探っていたのである。ピネド計画の登場は，イギリスにおける「コラボレーター」の変質と，英・アルゼンチン間の密接な経済関係の終焉を示す出来事であったといえよう。

②　対米借款交渉

さて，前節でみたように，オルティス政権はアメリカとの通商交渉で満足のいく成果をえることができなかった。そこで，プレビッシュはアメリカからの借款により直接的にドルの獲得を目指していく。カスティーリョ政権が成立した翌月，プレビッシュはアメリカに赴き，米国輸出入銀行（Export-Import Bank of the United States，以下「EXIM」）と米国財務省から借款をえることに成功した。以下，それぞれの借款について検討していきたい。

まず，EXIM の借款についてである。創設時（1934年2月）における EXIM の目的は，米ソ間の通商に対し金融的支援を行うことにあったが，間もなくラテン・アメリカ諸国との通商を維持・拡大するための機関となった[36]。それは，第2代総裁ピアソン（W. L. Pierson）の次のような使命感による。ピアソンはアメリカとラテン・アメリカ諸国との通商上の困難の原因はドル不足にあり，ドルの安定的供給こそが EXIM の使命だと考えていた[37]。したがって，ドルの獲得を目指すプレビッシュが，EXIM に対して借款の供与を求めたことは妥当な選択であったといえる。実際，プレビッシュは6,000万ドルの借款を引き出すことに成功した。ただし，この6,000万ドルは「アメリカの商品を購入するためにすべて使用する」という条件がついていた[38]。

次に，財務省による借款についてみていこう。プレビッシュは財務省から5,000万ドルの借款を獲得することに成功したが，これは同省の為替相場安定化基金（Exchange Stabilization Fund）から拠出されたものであった。同基金は1934年金準備法の第10項に基づき創設されたが，その使途はドル相場維持のための為替操作，すなわち金・外貨，および各種証券の売買操作，そして米国政府の投資事業となっている[39]。したがって，この借款はBCRAが大戦勃発後のドル高・ペソ安基調を，ドル安・ペソ高基調に誘導するために使用することを条件に実現したのであった。

以上のように，プレビッシュは合計で1億1,000万ドルもの借款を得ることに成功した。これはプレビッシュに対するアメリカ側の信頼と，彼の精力的な活動の結果であったといえよう。しかし，上記の借款を供与したアメリカ側の第一の目的は，アルゼンチンに対する輸出の促進にあった点に注目すべきである。すなわち，EXIMの借款は，アメリカ商品の購入に使途を限定することにより，直接的にアメリカの対アルゼンチン輸出を促進することが目指されていた。また，財務省の借款は，為替相場をドル安基調に導くことで，アメリカの対アルゼンチン輸出を間接的に支援することを目的としていた。

また，EXIMの借款は政治的思惑に規定されていた。すなわち，借款の実現は，1940年7月に開催されたハバナ会議（Havana Conference）が大きく関係していたのである。同会議はナチス・ドイツのラテン・アメリカ進出を掣肘することを目的としており[40]，米国政府はアルゼンチンをはじめとするラテン・アメリカ諸国の支持を取りつける必要があった。そのことは，まさにハバナ会議が開会された7月22日に，EXIMの貸出上限の引き上げ（2億ドルから7億ドルへ）が公表されたことに示されている[41]。

以上みてきたように，プレビッシュが獲得した借款は一過性のものであり，持続的なドルの供給を担保するものではなかった。当時のアルゼンチンにとって，長期安定的なドルの供給を約束する唯一の選択肢は，アメリカとの間で実効性のある互恵通商協定を締結することであった。そこでプレビッシュは，再度，通商協定の締結を目指していくこととなる。

③ 互恵通商協定の締結

　先にみたように，オルティス政権は互恵通商協定の締結を望んでいたにもかかわらず，プレビッシュの反対で実現しなかった。その理由は，アメリカの衛生的理由によるアルゼンチン産食肉の輸入規制にあった。長期安定的なドルの獲得を目指すプレビッシュにとって，食肉に関する実質的譲歩のない通商協定は受け入れられなかった。

　さて，今回は外務大臣ではなくプレビッシュ自身が対米通商交渉にあたったが，1941年2月に両国は互恵通商協定の締結に合意した[42]。その後，同年10月14日に同協定は調印され，翌月の11月15日に施行された。なお，合意に達してから半年以上も調印が遅延した理由は，武器貸与法の成立を円滑に進めるために，互恵通商協定法案の議会への提出が控えられたためである[43]。

　では，互恵通商協定の条文をみていこう。米ア互恵通商協定は19の条文，3つの関税表，そして2つの交換文書から構成されている。以下，これらの要点を記す[44]。

　第1条：無条件最恵国待遇に関する規定，第2条：内国税待遇に関する規定，第3条：輸入割当制限に関する規定，第4条：為替管理に関する規定，第5条：政府の物品購入に関する規定，第6条：関税表のすみやかな公表に関する規定，第7条と第8条：両国の譲許に関する規定，第9条：付加税に関する規定，第10条：課税額の算定基準や適用為替相場に関する規定，第11条：輸入数量規制に関する規定，第12条：紛争を協議する混合委員会の設置に関する規定，第13条と第14条：協定の適用範囲に関する規定，第15条：衛生上の理由による食肉輸入規制措置に関する規定，第16条：食肉輸入規制措置に関する専門家委員会設置に関する規定，第17条〜19条：協定の発効，有効期限，廃止等に関する規定，以上である。

　交換文書の要点は以下の通りである。交換文書①：アルゼンチンと南米諸国との間での関税交渉における第1条の不適用措置について，交換文書②：アルゼンチンとスターリング圏諸国との関税交渉における第1条の不適用措置について，となっている。以下，特に重要と思われる点について付言しておきたい。

第一に，第1条の無条件最恵国待遇についてである。これにより，両国は自主的行動によって，あるいは第三国との通商協定によって，他国に認めた最も有利な関税率をお互いに適用しあうこと，また，それに関わる税・手数料の徴収方法や規則・形式の適用において最も良い待遇を相手国に認めることが義務づけられた。しかし，注意しなければならないのは，交換文書①と②である。これにより，米ア間で与えあった譲許は，ラテン・アメリカとポンド地域には適用されないことになった。つまり，互恵通商協定の要諦といえる無条件最恵国条項は，交換文書の存在によって形式的なものとなっていたのである。

　第二に，アメリカがアルゼンチンから得た譲許についてである。関税表Ⅰにおいて，39品目のアメリカ産品に対する関税率引き下げと，88品目に対する関税率の現状維持が規定された。関税の引き下げについては，協定発効時と関税収入が2億7千万ペソ超えた時，以上2段階で実施されることとなった。例えば，自動車と自動車部品：10%（第一段階），30%（第二段階），電算機：現状維持，ラジオ：現状維持，ラジオ部品：25%（第一段階），50%（第二段階），木材：15%（第一段階），37%（第二段階）であった。

　第三に，アルゼンチンがアメリカから得た譲許についてである。関税表Ⅱをみると，小動物の毛皮等の輸入量が少ないものについては無関税に，食肉（主に缶詰の状態）は1ポンド当たり6セントの重量税を3セントへ（ただし従価税率20%を下回らない），羊毛は1ポンド当たり25～30セントの重量税を10～20セントへ，皮革は10%の従価税を5%へ，亜麻仁は56ポンド当たり65セントの重量税を50セントへ，という大幅な譲許を与えたことがわかる。

　また，大戦の勃発によりヨーロッパ諸国からの輸入が困難となったイタリア製のチーズ，魚介類，マカロニやパスタ，トマト，ワインやブランデー等のアルコール飲料，希少鉱物（ベリリウム），医薬品については，戦時中に限り関税率が大幅に引き下げられることとなった。例えば，武器・弾薬製造に必要なベリリウムの関税率は，ホーリー・スムート関税により25%の従価税がかけられていたが，12.5%に引き下げられた。また，チーズに関しても1ポンド当たり7セント（ただし従価税率35%を下回らない）から，5セント（ただし従価税率は25%を下回らない）へと大幅に引き下げられた。

ところで，アルゼンチンが最も注目していた食肉に関しては，上記のごとく1ポンド当たり6セントの重量税が3ポンドへと大幅に引き下げられた。しかし，ここで留意すべきは，先述のアメリカの衛生的理由による食肉輸入規制である。なぜなら，たとえ関税上の譲許が与えられても，衛生的理由で食肉輸入を規制できるのであれば，この譲許は実質的意味を持たないことになる。実は第15条において，衛生的理由による食肉輸入規制は継続されることが規定されたが，第16条により，アルゼンチン側がアメリカの食肉輸入規制措置に不服がある場合は，両国の関係者から成る委員会が設置され調査がなされることとなった。このように，アメリカによる一方的かつ恣意的な食肉輸入規制措置に対して，一定の歯止めがかけられたのである。

　では，互恵通商協定の効果はどの程度あったのだろうか。**図表V-2**から，協定締結後のアルゼンチンのアメリカからの輸入額が大幅に減少しているのに対して，輸出額が大幅に増加していることが確認できよう。すなわち，輸入額が1941年の4億5,000万ペソから，1943年以降は1億5,000万ペソ程度にまで激減する一方で，輸出額は1940年以前の1～3億ペソ程度から，1941年以降の5億ペソ以上へと急拡大している。ちなみに，隣国ブラジルとの貿易額も増えてはいるが，アメリカとの貿易額の増大と比べると小規模にとどまっている。互恵通商協定締結により，アルゼンチンの対米貿易は黒字基調に転換したのである。

　なお，**図表V-2**で示されているイギリスに対する輸出額の急増は注目に値する。大戦勃発前は概ね5万ペソ強で推移していた輸出額は，1943年には約7億8,000万ペソ，1944年には実に9億ペソを超えるまでになっている。しかし，既に述べたように，かかる輸出増はイングランド銀行のBCRA口座に預けられた封鎖ポンドの額が増えるだけで，自由に交換可能な外貨の取得にはつながらない。唯一の外貨稼得源は対米貿易のみであり，長期安定的なドルの供給を保障する互恵通商協定の締結は，当時のアルゼンチン経済にとってきわめて重要な意味を有していたのである。

　では，アメリカが譲歩した理由について考察しておきたい。ハルは1934年の互恵通商協定法の成立以降，「自由・無差別・多角的」の原則を掲げ通商政

第V章 コンコルダンシアによる
対米接近の試みとその帰結

図表Ⅴ-2……アルゼンチンの貿易

（単位：100万ペソ）

	アメリカ		イギリス		ブラジル	
年	輸入	輸出	輸入	輸出	輸入	輸出
1935	160	189	291	538	69	76
1936	161	202	263	582	61	104
1937	251	295	323	672	79	132
1938	255	119	293	459	75	98
1939	220	189	297	565	93	67
1940	450	253	325	545	113	76
1941	450	543	269	477	140	87
1942	397	511	231	601	226	106
1943	179	533	195	780	202	143
1944	152	536	80	942	344	220
1945	159	554	116	649	334	238

出所：B. R. Mitchell, *International Historical Statistics, The Americas, 1750-2000*, Palgrave, 2003, (Fifth Edition), p. 482 より作成。

策を展開してきたが，オルティス政権期の通商交渉においては，国内食肉生産者を保護するために，アルゼンチンからの食肉輸入規制を緩和しなかった。したがって，プレビッシュとの交渉で譲歩した理由は，ナチス・ドイツに対する危機感にあったといえよう。すなわちアメリカは，通商・投資を梃子として汎米結束を図ったのである。これに加え，さらに現実的な理由もあったことは，1941年3月のハルから大統領宛ての電報から明らかとなる。

　「我々は長年アルゼンチンとの関係を改善しようと努力してきました。この危機的な時代においては，それがなおさら重要であることはいうまでもありません。この目的を達成するために必要とされていることは，アルゼンチンとの間の良好な通商関係です。（中略）……しかし，アルゼンチンとの通商協定については，激しい論争がなされてきました。（中略）……今こそ，この長く続いてきた困難な問題に最終的決着をつけるのに最良のときであると確信しています。すなわち，アルゼンチンが増加した輸送コストにより対米輸出の困難に直面したことにより，アメリカの生産者が保護されているまさにこのときにお

いてです。また，アルゼンチンとの良好な通商関係が，半球的規模での同盟を有効なものにする上で重要であるということを，アメリカ国民がますます確信するようになってきているこのときにおいてです。」[45]

　以上の引用から，アメリカのアルゼンチンに対する食肉輸入に関する譲許は，ハルが理想として掲げる自由貿易主義に基づいて与えられたというよりも，大戦によって生じた状況を最大限利用するという便宜的理由から与えられたことがわかる。すなわち，アルゼンチンの食肉輸出のコストが増大した結果，アメリカ中西部の農民が保護された状態にあったこと，また，世論がラテン・アメリカ諸国との同盟に好意的な状態にあったこと，これらの状況を踏まえて与えられた譲許であった。

3.「コラボレーション」の挫折

　発展途上国が経済発展を遂げるには，国際通貨の安定的供給が必要不可欠となる。したがって，資本と市場を提供できる大国は，発展途上国において「コラボレーター」を見出し，「コラボレーション」を実現させる可能性を有している。これまでみてきたように，ピネドやプレビッシュは，新たな覇権国として存在感を増していたアメリカとの通商・借款交渉に奔走し，EXIM および財務省からの借款と互恵通商協定の締結を実現させた。では，アメリカの側には，対米接近を志向するピネドやプレビッシュらの官僚を梃子とした，アルゼンチンとの間の「コラボレーション」の可能性はあったのだろうか。

　図表Ⅴ-3 は，1935 年から 1952 年までの米・アルゼンチン間貿易の動向を示している。これをみると，大戦間期におけるアルゼンチンの対米貿易収支が40 万ドル程度まで拡大していることが確認できる。これは，先にみた互恵通商協定締結の成果といえよう。すなわち，同協定によって，ベリリウムやイタリア製チーズなどに代表される，武器・弾薬等の製造に使用される原料，あるいは戦争によりヨーロッパからの輸入が困難になった産品，これらの輸入に対する優遇措置が適用された結果，輸出が増大したのである。だが，大戦後，かかる措置が廃止されことで，対米貿易収支は再び赤字に転じることとなる。結

第V章 コンコルダンシアによる
対米接近の試みとその帰結

図表V-3……アルゼンチンの対米貿易

（単位：ドル）

年	輸入	%	輸出	%	総貿易額	%	貿易収支
1938	254,685	17.4	188,553	8.4	373,238	13.0	−136,132
1939	219,775	16.5	188,810	12.0	408,585	13.9	−30,965
1940	449,661	30.0	253,446	17.8	703,107	24.0	−196,215
1941	450,198	35.2	542,857	37.1	993,055	36.4	+92,659
1942	397,445	31.2	510,556	28.5	908,001	29.5	+113,111
1943	179,310	19.0	532,656	22.8	711,966	21.6	+353,346
1944	151,870	15.1	536,300	22.7	688,170	20.4	+384,430
1945	158,900	13.7	553,800	22.2	712,700	19.5	+394,900
1946	665,200	28.5	596,100	15.0	1,261,300	20.0	−69,100
1947	2,431,000	45.8	547,400	9.9	2,978,300	20.7	−1,883,700
1948	2,286,900	36.9	537,400	9.7	2,824,300	26.0	−1,749,500
1949	689,500	14.8	398,700	10.7	1,082,200	13.0	−290,800
1950	787,300	16.3	1,108,700	20.4	1,896,000	18.5	+280,000
1951	2,199,200	21.0	1,183,400	17.6	3,382,600	19.6	−1,015,800
1952	1,537,000	18.3	1,114,700	25.3	2,651,700	20.8	−422,300
1953	430,400	17.0	905,400	24.4	1,335,800	21.4	+475,000

出所：Committee on Banking and Currency（U. S. Senate）, op. cit., p. 18 より作成。

局，互恵通商協定はアルゼンチンに長期安定的なドルを供給するという機能を果たすことはなかった。

　では，ドル供給を可能にする今１つの手段，すなわち対米借款は実現可能だったのだろうか。周知のように，第二次大戦後のアメリカはソ連と覇権を争っており，勢力圏拡大の梃子として積極的な海外投資を行う意思を有していた。また，実際にマーシャル・プランを通じたヨーロッパ復興のための巨額の援助に加え，ラテン・アメリカ諸国に対しては世界銀行を通して間接的に，そしてEXIMを通じて直接的に借款を供与していた。大戦後の状況は，まさにアルゼンチンの経済成長にとって「追い風」であったといえよう。

　しかし，結論を言えば，アルゼンチンはかかる状況をうまく利用することができなかった。その理由の一端は，以下のアメリカの上院銀行・通貨委員会

137

(Senate Committee on Banking and Currency) の報告書に垣間見ることができる[46]。

　「アルゼンチン政府の役人は，幹線道路の建設，公共事業，その他政府管轄の事業に対する政府間融資を望んではいない。一方で，アルゼンチンとの貿易を決済するために回転ドル信用（revolving dollar credit）が必要だと主張している。実際，発電所，鉄鋼，鉄道，農業施設等の基盤産業の再建・拡大のために，巨額の資本財が必要とされているが，アルゼンチンの限られた資金力を考えると，外国為替が蓄積された段階で支払うという，一種の遅延支払い（deferred payments）の仕組みを利用するしかない。」[47]

　上の引用から，アルゼンチン政府，すなわちペロン政権が対米借款に難色を示していたことがわかる。その理由は，同政権が選挙キャンペーンの時から，「英国資本からの解放」，すなわち外資からの決別を前面に押し出していたため，表立って外資の導入を進めることができなかったからである[48]。ペロン政権にとって外資の受入れは，政権基盤の弱体化に直結する禁忌であった。かかる特殊な事情が，アメリカの寛大な対ラテン・アメリカ借款の利用を妨げることとなった。

　ちなみに，大戦前夜から1953年におけるアルゼンチンのEXIMからの借款はわずか3件にとどまり，その大部分は資本財の輸入を決済するために使用された。図表V-4をみると，米国子会社に対する融資（与信番号408と495）は，合計しても520万ドル程度であるのに対し，資材等の輸出代金の滞納の決済を目的とする融資（与信番号477）が，1億2,500万ドルと巨額であることが確認できよう。なお，ペロン政権の外資排除政策は徹底しており，アルゼンチンは世界銀行にすら加盟していなかった。同国は外資流入＝ドル供給の窓口を完全に閉ざしていたのである。

　ちなみに，アルゼンチンとは対照的なブラジルの状況をみてみよう。アメリカの上院銀行・通貨委員会の報告書をみると，様々な事業（鉄道，鉄鋼所，セメント工場，発電所の建設等）に対し巨額の信用が供与されたことが確認できる[49]。ちなみに，EXIMから借款を引き出すため，リスクが高い借款については，ブラジル財務省やブラジル銀行（Banco do Brasil，中央銀行）の保証が付

138

コンコルダンシアによる
対米接近の試みとその帰結

第V章

図表V-4……EXIM の対アルゼンチン融資

与信番号 408	
債務者	Agencia de Transportes Moore–McCormack, S. A.
目的	米国船会社の子会社による艀（10 隻）購入代金
与信額	210,000 ドル
認可日	1946 年 9 月 18 日
利用額	102,392.60 ドル
返済額	102,392.60 ドル
与信番号 477	
債務者	**アルゼンチンの商業銀行コンソーシアム（代表 BCRA）**
目的	**アメリカの輸出業者に対する未払い商業債務の償還**
与信額	**125,000,000 ドル**
認可日	**1950 年 5 月 17 日**
利用額	**96,469,873.13 ドル**
返済額	**返済日未定**
与信番号 495	
債務者	"Sominar"Sociedad Minera Argentina, S. A.
目的	米国政府と契約した米国民間会社の鉱山開発資金
与信額	5,000,000 ドル
認可日	1951 年 4 月 26 日
利用額	2,084,820.19 ドル
返済額	返済日未定

出所：Committee on Banking and Currency（U. S. Senate），op. cit., p. 22 より作成。

けられていた[50]。一方，世銀の対ブラジル融資も巨額であった。1949 年 1 月〜
1953 年 7 月までに，発電所や幹線道路の建設計画に対する 7 件の融資が実施
されたが，これらを合計すると 1 億 5,280 万ドルにも及んだ[51]。

　EXIM の寛大な融資の機会は，他のラテン・アメリカ諸国にも開かれてい
た。例えば，チリやペルーは経済規模が小さかったにもかかわらず，EXIM の
融資件数と額はアルゼンチンを上回っていた。また，世銀の融資についても同
様である。例えばチリの例をみてみよう。世銀は同国に対し，1948 年 3 月の
発電所計画に対する融資を皮切りに，1953 年まで合計 4 件の融資（総額 3,730

139

万ドル）を行っている[52]。すなわち，ラテン・アメリカ諸国の中でアルゼンチンのみが，EXIM や世銀が提供する機会を，十分に活用していなかったのである。

さらに注目すべきは，ペロン政権がピネドとプレビッシュを公務から排除したことである[53]。当時のアルゼンチンにおいては，アメリカとの「コラボレーション」が最良の選択であった。なぜなら，それはアメリカからの潤沢な借款＝ドル供給を間違いなく保証したからである。実際，ピネドやプレビッシュのような有能な経済官僚を欠いたペロン政権は，早くも 1949 年には経済破綻の危機に直面することとなる。その後，一般大衆に受けの良い政策を場当たり的に実施することで政権の浮揚を図ったが，軍事クーデターによりペロン政権は崩壊した（1955 年 6 月）。

「コラボレーター」，あるいは「コラボレーション」の存在は，「非公式帝国」が成立する必要不可欠の要件である。また，本書の随所で示してきたように，「非公式帝国」の中心国は，現地の政治体制を維持するために必要な「権力の源」を「コラボレーター」に提供する必要がある。しかし，ペロン政権にとって，アメリカがもたらす外資は，自らの政権の維持・強化に資する政治的資源とはなりえなかった。それどころか，外資の導入はペロン政権にとって禁忌であり，政権崩壊の起爆剤にすらなりかねなかった。かかる事実を踏まえると，大戦後に米・アルゼンチン間に「コラボレーション」が機能する余地はなかったと結論づけることができよう。

小括

1932 年初頭に成立したコンコルダンシアは，イギリスとロカ・ランシマン協定を締結することにより，食肉輸入量の維持と長期借款の継続（借換債の発行）を保証された。これにより，オリガルキアの政治的基盤は補強されたが，同協定の締結は都市労働者を支持基盤とする急進党だけでなく，ナショナリストの批判も招いた。コンコルダンシアが支持率低下という代償を払いつつも親英的政策を選択した理由は，イギリスがオリガルキアの「権力の源」である市

場と資本をかろうじて提供できたからであった。

　それゆえ，第二次大戦期における対英輸出の行き詰まり（封鎖ポンドの蓄積）は，コンコルダンシアが対外経済政策を転換する決定的契機となった。イギリスは，その「構造的権力」の漸次的弱体化に伴い，資本は勿論のこと，市場ですら十分に提供できなくなっていた。すなわち，アルゼンチンのイギリスに対する輸出は量・額ともに拡大したものの，それは交換性のない外貨（封鎖ポンド）の増加を意味するだけであった。イギリスとの関係を主軸としたアルゼンチンの経済発展路線は，ここに限界を画されたのである。

　かかる事態を受け，コンコルダンシアはポンドに代わり基軸通貨としての要件を整えつつあったドルを求め，アメリカとの長期安定的な経済関係の構築を目指すこととなる。すなわち，アルゼンチンは，イギリスに代わってアメリカが市場と資本の供給者となることを期待していたのである。そして実際に，ピネドやプレビッシュの活動により，対米経済関係構築の試みはある程度成功を収めたといえよう。国際政治経済における「ゲームのルール」の決定者が，イギリスからアメリカに移りつつあったことを踏まえると，ピネドやプレビッシュの対米接近という選択は時宜を得たものであったといえる。

　しかし，その後，1943 の軍事クーデター勃発によりコンコルダンシアは崩壊し，1946 年には都市中間層を含むより広範な国民の支持を得たペロン政権が誕生する。これにより，19 世紀末葉から続いてきたオリガルキアの政治的基盤は失われ，「非公式帝国」アルゼンチンは名実ともに終焉を迎えることとなる。一方で，新たな覇権国であるアメリカとアルゼンチンの「コラボレーション」が出現することはなかった。これは，ペロン政権が，アメリカが提供する市場と資本を，自らの権力を強化する資源として利用できなかったことが理由であった。ちなみに，アメリカとの「コラボレーション」を達成できなかったアルゼンチンの政治・経済は迷走状態に陥っていく。

　いずれにせよ，上でみた事態の展開は，アルゼンチンの政策主体によって導かれたという事実に注目すべきであろう。このことは，「非公式支配」における「コラボレーター」と，「本国」が提供する政治・経済的資源の重要性を改めて示している。軍事的威圧を伴わない「非公式支配」にとって，「中心」が提供

する「権力の源」は，「コラボレーション」を維持する上で決定的に重要な役割を果たすのである。また，「周辺」に分類される国にとって，「中心」との「コラボレーション」は，その国の経済発展と政治・経済の安定に重要な意味を持つのである。

注

1　GOU が何の略語かは不明である。シリアは，Grupo Obra de Unificación，あるいは，Grupo de Oficiales Unidos としているが（A. Ciria, *Parties and Power in Modern Argentina, 1930-1946*, State University of New York Press, 1974, p. 76），ドイッチュとドルカートの編著においては，Grupo Organizador Unificador とされている（S. M. Deutsch and R. H. Dolkart eds., *The Argentine Right: Its History and Intellectual Origins, 1910 to the Present*, Scholarly Resources Inc., 1993, p. 101）。

2　C. A. MacDonald, "End of Empire: the Decline of the Anglo-Argentine Connection, 1918-1951," in A. Hennessy and J. King eds., *The Land that England Lost: Argentina and Britain, a Special Relationship*, British Academic Press, 1992, p. 85.

3　ペロンの経済政策については多くの研究が存在するが，さしあたり，増田義郎編『新版世界各国史26 ラテン・アメリカ史II 南アメリカ』山川出版社，2000年，352-353頁；今井圭子『アルゼンチン鉄道史研究―鉄道と農牧産品輸出経済―』アジア経済研究所，1985年，第7章；Bethell ed., *Argentina since Independence*, Chp. 7 を参照されたい。

4　ロビンソンは，「『コラボレーション』から『非コラボレーション』への転回は，脱植民地化のタイミングを決定する」と指摘している（R. Robinson, "Non-European Foundations of European Imperialism: Sketch for a Theory of Collaboration," in E. R. J. Owen and B. Sutcliffe, eds., *Studies in the Theory of Imperialism*, Longman, 1972, p. 139）。

5　G. Cramer, "Argentine Riddle: The Pinedo Plan of 1940 and the Political Economy of the Early War Years," *Journal of Latin American Studies*, Vol. 30, No. 3. Oct., 1998, p. 525.

6　Ibid., p. 525.

7　Ibid., p. 526.

8　Ibid., p. 527.

9　Ciria, op. cit., p. vii.

10　Ibid.

11　Ibid., p. 65.

12　*Economist*, May 27, 1939, p. 511.

13　ハルの理念と互恵通商協定法については，佐々木隆雄『アメリカ通商政策』岩波新書，

1997 年，56-62 頁を参照されたい。

14　Ciria, op. cit., p. 47.

15　W. R. Wright, *British-Owned Railways in Argentina: Their Effect on the Growth of Economic Nationalism, 1854-1948*, Texas, 1974, p. 177.

16　コンコルダンシアに対するナチスの影響については，Deutsch and Dolkart eds., op. cit., pp. 86-93 を参照されたい。

17　この交渉については，*Foreign Relations of the United States*（以下「*FRUS*」），1939, Vol. 5, The American Republics, U. S. G. P. O., 1957, pp. 227-302 を参照した。

18　例えば，大草原地帯（Great Plaines）カンザス州出身の上院議員キャッパー（A. Capper）は著名な保護貿易論者であった。

19　キャッパーの保護貿易論に対するハルの反論については，*Department of State Bulletin*（以下「*DSB*」），November 11, 1939, pp. 516-524 を参照されたい。

20　ハルはキャッパーに対する反論において，ホーリー・スムート関税法が予想に反して国内農家を苦境に陥れたこと，また，互恵通商政策が結果として国内農家に利益をもたらしたことを想起すべきである，と記している（Ibid.）。

21　*FRUS*, 1939, Vol. 5, pp. 296-297.

22　*DSB*, January 13, 1940, p. 42.

23　アメリカの衛生的理由によるアルゼンチン産食肉の輸入規制の歴史については，F. J. Weil, *Argentine Riddle*, The John Day Company Inc., 1944, Chap. 7 を参照されたい。

24　*FRUS*, Vol. 4, 1933, p. 784.

25　Weil, op. cit., p. 203.

26　ウェイルは 1935 年に米国労務省が発表した統計を用いて次のような事実を記している。「ニューヨークとシカゴの高所得者層（年収 4,000 万ドル以上）は，年間平均サーロイン・ステーキを 51.41 ポンド消費する一方で，低所得者層（年収 1,500 ドル以下）は 6.37 ポンド，すなわち高所得者層の約 8 分の 1 しか消費していない。より安価な食肉を含めた年間食肉消費量は，前者は 289.3 ポンド，後者は 186.89 ポンドで，後者は前者の約 54% しか消費していない」。このようにウェイルは，アメリカには食肉輸入の大いなる余地があることを指摘した上で，アルゼンチン産食肉に対する輸入規制の真の理由が，衛生上のものではなく，中西部食肉生産者のロビー活動にあるとしている（Weil, op. cit., pp. 204-205）。

27　ナショナリストはピネドやロカの大臣就任を受けて，新内閣を「イギリス内国」と揶揄した（Ciria., op. cit., p. 65）。

28　ピネド計画は実際にはプレビッシュにより作成されたとする指摘もある（C. F. Díaz Alejandro, *Essays on the Economic History of the Argentine Republic*, New Haven and London, 1970, p. 105）。

29　カスティーリョによって提出されたピネド計画については，R. S. Castillo, "El Plan de Reactivación Economica ante el Honorable Senado," *Desarrollo Económico*, Vol. 19, No. 75, Oct.-

Dec., 1979, pp. 403-426.

30 Cramer, op. cit.; M. Burgin, "Post-Mortem on Argentina's Pinedo Plan," *Inter-American Quarterly*, Vol. 3, No. 4, 1941, pp. 68-75; J. J. Llach, "El Plan Pinedo de 1940, su Significado Histórico y los Orígines de la Economía Política del Peronismo," *Desarrollo Económico*, Vol. 23, No. 92, 1984, pp. 515-558 を参照されたい。

31 ここではウェイルの整理を参考にした（Weil, op. cit., p. 164）。なお、ベセルは①農牧業に対する補助金政策、②輸入代替工業化政策、③建設事業、以上３つに整理している（Bethell ed., *Argentina since Independence*, p. 212）。

32 Bethell, Ibid., p. 216.

33 当時のアルゼンチン政府は、財政赤字とインフレーションに対する批判に敏感であった（Bethell, Ibid., p. 212）。

34 ピネド計画を廃案に至らしめた事情については、Ibid., p. 213 を参照されたい。

35 ピネドも対米経済関係の構築に向け積極的な活動をしていた。例えば、1941 年 6 月にピネドは「ニューヨーク銀行家クラブ」において、アメリカとの緊密な経済関係を築くことができなければ、アルゼンチンはドイツに接近することになると述べている。また、自国民に向けても、小国であるアルゼンチンは、経済的に圧倒的に優位な位置に立つアメリカとの緊密な関係なくしては、大戦後、世界に居場所を見つけることはできないと述べていた。以上については、M. Falcoff and R. H. Dolkart eds., *Prologue to Peron; Argentina in Depression and War 1930-1943*, University of California Press, 1975, p. 208 を参照されたい。

36 *DSB*, December 3, 1944, p. 664.

37 F. C. Adams, *The Export-Import Bank and American Foreign Policy, 1934-1939*, University of Missouri Press, 1976, p. 204.

38 *FRUS*, Vol. 5, 1940, p. 483.

39 G. G. Munn ed., *Encyclopedia of Banking and Finance*, Bankers Pub. Co, 1973, p. 759.

40 第二次大戦の勃発を受けて、ルーズベルトの対ラテン・アメリカ政策は介入主義的なものへと転換し、1939 年 9 月パナマ会議、1940 年 7 月ハバナ会議、そして 1942 年 1 月リオ会議と立て続けに汎米会議が開催され米州連帯の強化が図られた。

41 ハグランド（D. G. Haglund）は、汎米会議に対して常に批判的態度をとってきたアルゼンチンについて「乗り気でないアルゼンチンの代表団は、会議をご破算にする前に、アメリカの経済援助についてよく考えるであろう」と記している。（D. G. Haglund, *Latin America and the Transformation of U. S. Strategic Thought, 1936-1940*, University of New Mexico Press, 1984, p. 219）。

42 この交渉は、*FRUS*, Vol. 6, 1941, pp. 387-401 に収録されている。

43 Ibid., p. 388.

44 互恵通商協定については、J. H. White, *Argentina: The Life Story of a Nation*, The Viking Press, 1942, pp. 345-351, および、*DSB*, October 18, 1941, Supplement を参照した。なお、

前者は協定の条文のみ収録されており，後者は協定条文の概要と分析，そして関税表 I ～ III が収録されている。以下の分析は両者に依拠している。

45 *FRUS*, Vol. 6, 1941, pp. 398-399.

46 Committee on Banking and Currency (U.S. Senate), *Study of Latin American Countries*, U.S. Government Printing Office, 1954, p. 26. この報告書は，EXIM と世銀の対ラテン・アメリカ融資に関する現地調査に基づく報告書を収録している。ケープハート使節団（Capehart Mission）は，1953 年 10 月 19 日から 12 月 6 日の間に，メキシコ，ニカラグア，エル・サルバドル，パナマ，コロンビア，エクアドル，ペルー，ボリビア，チリ，アルゼンチン，ウルグアイ，パラグアイ，ブラジル，英領西インド諸島，ベネズエラを訪問した。なお，この調査は 1953 年 6 月 8 日の議会決議第 25 号に基づいて行われた。

47 Ibid., p. 26.

48 実際，1948 年 2 月，英・アルゼンチン間貿易・決済協定（アンデス協定）が締結され，翌 3 月，イギリス資本の象徴とされてきた英系鉄道の国有化が断行された。交通・輸送手段としての鉄道の意義が低下しつつあったこと，英系鉄道が老朽化していたことを考えると，アルゼンチンにとって国有化は経済的に合理的な選択ではなかった。しかし，国有化がナショナリズムの高揚を背景として実現されたことを考えると，ペロン政権の浮揚に大きく貢献したことは間違いない。詳細については，今井圭子「鉄道国有化とポンド処理問題」今井前掲書第 6 章，および前田啓一「ポンド残高の処理をめぐって―アルゼンチンのケース―」『戦後再建期のイギリス貿易』お茶の水書房，2001 年，第 5 章を参照されたい。

49 Committee on Banking and Currency, op. cit., pp. 100-111 に記された EXIM の対ブラジル借款の長いリストを参照されたい。これによると，1939～1953 年において 42 の投資案件が承認されている。

50 例えば，1940 年 6 月 19 日に認可された鉄鋼関連の融資（約 3,400 万ドル）については，ブラジル財務省とブラジル銀行両者の保証がつけられている（Ibid., p. 100）。

51 Ibid., p. 113.

52 Ibid., p. 175.

53 プレビッシュは事実上の国外退去を余儀なくされ，ピネドは 1953 年に投獄されている。その後プレビッシュは国連ラテン・アメリカ経済委員会の論客として活躍し，ピネドは 1962 年から財務大臣（3 度目）に返り咲いている。

補章 英国金融使節団と大不況下のラテン・アメリカ

本章の課題

　歴史家カー（E. H. Carr）は両大戦間期の時代を「危機の二十年」と呼んだ[1]。この時代は，ナチス・ドイツや日本などの全体主義諸国と英米諸国間の全面戦争という悲劇的な終幕を迎えることとなるが，カーが指摘するように，ウィルソン（W. Wilson）の「14か条の原則」に代表されるようなユートピア的な構想が生み出された時代でもある。イングランド銀行総裁ノーマンの中央銀行間協力の構想も，最終的に世界経済の安定・繁栄を展望していたという点において，そのようなものの1つであったといえよう[2]。

　さて，ノーマンの理想を実現すべく，イングランド銀行から派遣された金融使節団は両大戦間期の世界を舞台に活動していく。その際第一の目的となったのは，政治・経済的混乱状況にあった諸国において，「正統な中央銀行」を創設することであった[3]。ノーマンによると，それは政治的影響を受けることなく，通貨発行準備としての金を節約・集中し，通貨の対内外価値を維持＝健全通貨を保証する機関であった。したがって，このような中央銀行が可能な限り多くの国に創設されることによって，ポンドを基軸とする国際金為替本位制は安定するのである[4]。英国金融使節団はノーマンの理想を実現するために，世界各国にセントラル・バンキングの教義を布教していくのである。

　かかる活動の主な対象となった地域は，中東欧，イギリス帝国，そしてイギリス「非公式帝国」，とりわけラテン・アメリカに分類される。これらの地域の中で，最初の2地域については十分な研究が蓄積されてきたが[5]，ラテン・アメリカを扱った研究はほとんど存在しない。なぜなら，第一次世界大戦後，同地域はアメリカの勢力圏となり，イギリスの影響力は，第一次世界大戦を画期としてほぼ失われたという解釈が定着してきたからである[6]。

　しかし，ケインとホプキンズは，1930年代のラテン・アメリカにおける英国金融使節団の積極的な活動について指摘している[7]。本章では，かかる指摘を踏まえ，ラテン・アメリカにおける同使節団の活動を明らかにしていく。とりわけ，ノーマン自身も成功例として取り上げているエル・サルバドルにおけ

るパウエル使節団（Powell Mission）の活動について詳細にみていきたい[8]。

　なお，本章では，基本的にはケインとホプキンズの議論を受容しつつも，新たな視点から英国金融使節団の活動を評価していきたい。ケインは，1935年にカナダ銀行（Bank of Canada，中央銀行）が創設される際に果たしたイングランド銀行の役割を，スターリング・ブロックとの関連においてのみ検討した結果，その影響力は限定的であったという評価を下している[9]。

　しかし，イングランド銀行による中央銀行創設運動は，ノーマンが第一次大戦後追求してきた金為替本位制構築の試みとしての側面も持っており，対スターリング・ブロック政策の成否によってのみ評価することはできない。また，近年の「マネー・ドクター」（Money Doctor）研究は，英米を中心に編成された国際通貨・経済システムの確立において，両大戦間期のイングランド銀行が大きな役割を演じたとする主張を展開している[10]。英国金融使節団の意義を評価するには，かかる世界経済史上の大きな流れも視野に入れる必要があろう。いずれにせよ，本章では，「中心」の政策担当者だけでなく，現地政策主体にも焦点を当てることによって，英国金融使節団の活動をより多面的に把握していきたい[11]。

　本章の構成は以下の通りである。1では，イギリスやアメリカの金融使節団の活動の舞台となったラテン・アメリカについて概観する。2では，大不況下ラテン・アメリカにおける英国金融使節団の活動についてみていく。3では，エル・サルバドルにおけるパウエル使節団の活動についてみていく。

1. 大不況期のラテン・アメリカ

　最初に，英国金融使節団の活動の舞台となった大不況下ラテン・アメリカの経済状況を概観しておきたい。

(1)　アメリカ資本のラテン・アメリカ進出

　ラテン・アメリカ諸国を相次ぐデフォルトに陥れた要因の1つは，19世紀末以降のアメリカのラテン・アメリカに対する急速な経済的進出であった。周

知のように，アメリカは 19 世紀末葉における鉄鋼，電気，化学などの分野を中心とする第二次産業革命の結果，大農業国としての地位を維持する一方で，世界最大の工業国としての地位も獲得する。これにより，鉄道，石炭，絹織物などいわゆる旧産業に依拠したイギリスの通商上の優位は後退を余儀なくされる一方で，自動車，ラジオ，冷蔵庫，石油，農業機械などの新産業に依拠したアメリカの輸出貿易が著しく伸長することとなった。**図表 補-1** によって，コロンビア，ペルー，チリなどの諸国はもとより，イギリスの「非公式帝国」の典型とされたアルゼンチンにおいても[12]，アメリカの輸入貿易におけるシェアが著しく上昇していることがわかる。以下でみていくように，このことは，イギリスのラテン・アメリカにおける投資上の覇権的地位をも揺るがすこととなる[13]。

　かかる貿易関係を反映してアメリカ資本は主にメキシコ，中央アメリカ諸国，キューバ，チリ，その他の南米諸国などにおいて，イギリス資本よりも優位を占めるようになった。また，アメリカ資本のラテン・アメリカ進出は，主に 1918 年から 1928 年の 10 年間に集中していたが，これは，大戦後の混乱下にあったヨーロッパ諸国に対する資本輸出の縮小という事態が，相対的に投資対象地域としてのラテン・アメリカの重要性を上昇させたことによる。実際にアメリカの対ラテン・アメリカ投資は 1939 年度においてはイギリスと拮抗す

図表 補-1……ラテン・アメリカの貿易における英米の割合

(%)

	輸入				輸出			
	1913 年		1929 年		1913 年		1929 年	
	アメリカ	イギリス	アメリカ	イギリス	アメリカ	イギリス	アメリカ	イギリス
コロンビア	25	21	46	15	45	15	75	5
ペルー	28	28	42	14	34	36	35	19
チリ	17	35	32	18	21	39	25	13
ブラジル	16	24	27	21	32	13	45	8
アルゼンチン	15	31	26	19	5	25	8	32

出所：J. M. Brown and Wm. R. Louis eds., *The Oxford History of the British Empire, Vol. IV: The Twentieth Century*, Oxford University Press, 1999, p. 628 より作成。

るまでになっていた（**図表 補-2**）。

　では，アメリカ資本はいかなる分野に投資されたのであろうか。**図表 補-3**
は，ラテン・アメリカ諸国の 1920 年から 1930 年までの 10 年間における借款
数，借入総額（名目価格），そして借入れの目的を示したものである。これか
ら，ラテン・アメリカ諸国政府の借入れの目的は，主に公共事業と借換えで
あったことがわかる。前者の具体的内容は，旧来の鉄道・港湾事業に対する投
資に加え，学校，病院の建設，ガス，水道，電気設備の整備，道路の舗装など
の都市の近代化のための投資であった。そして，後者は，第一次世界大戦後の
ラテン・アメリカ諸国の一次産品輸出産業の不振によって生じた国際収支危機
と財政危機に対処するための借入れであった。

　さて，アメリカの対ラテン・アメリカ投資を主導したのは，モルガン商会（J.
P. Morgan & Company），ナショナル・シティ・バンク（National City Bank），
ディーロン・リード商会（Dillon, Read & Company），クーン・ローブ商会
（Kuhn, Loeb & Company），そしてスパイヤー商会（Speyer & Company）などの
大手投資銀行であった[14]。これらの銀行は，利付証券を一般投資家に販売する
ことによって資金を集め，ラテン・アメリカ諸国政府に対する貸付を行った。

　そして，これら大手投資銀行による対ラテン・アメリカ投資を側面から支援

図表 補-2……英米の対ラテン・アメリカ投資（1939 年）

（単位：100 万ドル）

	イギリス	アメリカ
アルゼンチン，ウルグアイ，パラグアイ	2,250	800
ブラジル	1,000	500
チリ	300	600
その他の南米諸国	300	600
メキシコ，中央アメリカ諸国	300	670
キューバ	150	750
その他の西インド諸島諸国	200	80
合計	4,500	4,000

出所：EIS, *The Network of World Trade*, Geneva, 1942（国際連盟経済情報局（佐藤純訳）『世界
　　貿易のネットワーク』改訂版，創成社，2023 年）邦訳 209 頁より作成。

図表 補-3……ラテン・アメリカ諸国の対外借款

(単位：1,000 ドル)

	借款数	名目価格	目的		
			公共事業	借換	その他
アルゼンチン					
中央政府	10	288,800	38,100	233,700	17,000
州政府	8	102,601	58,878	47,601	2,122
市町村	7	28,017	28,017	—	—
ボリビア					
中央政府	3	66,000	43,000	23,000	—
ブラジル					
中央政府	5	219,077	75,000	144,077	—
州政府	21	343,939	110,212	87,744	145,983
市町村	10	78,302	62,302	15,000	—
チリ					
中央政府	10	228,788	176,696	52,092	—
市町村	3	23,750	23,750	—	—
チリ抵当銀行	5	90,000	—	—	—
コロンビア					
中央政府	2	60,000	60,000	—	—
州政府	8	67,350	66,100	1,250	—
市町村	6	27,585	20,085	7,500	—
コロンビア抵当銀行	5	21,840	—	—	21,840
コスタリカ	3	10,990	9,800	1,190	
キューバ					
中央政府	5	155,973	40,000	79,000	36,973
ドミニカ共和国					
中央政府	2	20,000	15,000	5,000	
エル・サルバドル					
中央政府	3	21,609	—	21,609	
グアテマラ					
中央政府	3	9,465	4,950	4,515	—
ハイチ					
中央政府	2	18,634	—	18,634	—
パナマ					
中央政府	2	20,500	4,500	12,000	4,000
ペルー					
中央政府	5	105,814	57,366	48,448	—
州政府	1	1,500	1,500	—	—
市町村	1	3,000	1,500	1,500	
ウルグアイ					
中央政府	3	55,081	55,081	—	—
市町村	2	15,307	15,307	—	—

出所：Marichal, op. cit., pp. 185-186 より作成。

したのがケメラー使節団である。ケメラー使節団は国務省や財務省とは独立して活動した民間の金融使節団であったが，プリンストン大学教授であったケメラー（E. W. Kemmerer）は，金融経済の専門家として国際的に知られており，被派遣国政府に対する影響力は絶大であった。実際に，ケメラー使節団の訪問を受けた国の借入国としての信用度は増し，その招聘は将来アメリカからの借款を受けるための前提条件となったとされる。さらに，ケメラーは，勧告を受け入れた国に対して，アメリカの民間部門からの融資を引き出すために積極的なロビー活動を展開したので，ケメラー使節団の訪問は借款が実現するか否かに大きな影響力を持っていたと考えられる[15]。

　では，次にケメラー使節団の勧告の内容は，具体的にいかなるものであったのかをみていこう。ドレイクによると，ケメラーは金本位制の「真の信奉者」であったという[16]。したがって，ケメラー使節団は，均衡財政，中央銀行の創設，そして金本位制の採用を主内容とする勧告を行った。バルマー＝トーマスは，かかる勧告の内容を，「為替レートの安定や金為替本位制を支える制度的枠組みを提供する」ものと評価している[17]。この制度的枠組みにおいては，ラテン・アメリカ諸国政府は，景気循環を抑制する金融政策を実施することは許されず，国際収支黒字による外国為替の急激な流入が通貨供給量や国内物価水準に与える影響を遮断することが不可能となる。このように，ラテン・アメリカ諸国にとって，ケメラー使節団の勧告を受け入れることは，新規借入を保証される代わりに，裁量的な財政・金融政策を行う権限を奪われることを意味したのである。

⑵　デフォルトの発生

　以上でみてきたように，1920年代，ラテン・アメリカには過剰なアメリカ資本が流入した。これが，1930年代初頭のラテン・アメリカ諸国のデフォルトの基底的要因であったが，デフォルトの直接的引き金となったのは，1929年恐慌によるラテン・アメリカの一次産品輸出経済の崩壊である。**図表 補-4**で示した輸出貿易の崩壊は，ラテン・アメリカ諸国を未曾有の苦境に陥れることとなる。まず，一次産品価格の下落は直接的に輸出所得の減少をもたらし

た。一方，ラテン・アメリカ諸国は，輸出の減少を輸入の削減によって補ったので，間接的に関税収入の減少が惹起された。対外債務支払額は名目値で固定されていたので，ラテン・アメリカ諸国は対外債務支払の困難に陥ることとなり，**図表 補-5** で示したように，ほとんどの国がデフォルトに陥った[18]。

　ところで，かかるデフォルトの続発という事態に対して，ケメラー使節団が再度ラテン・アメリカ諸国に対して派遣されることはなかった。1920年代において，アメリカ資本をラテン・アメリカにもたらす導管としての役割を積極的に果たしたケメラー使節団であったが，1930年代初頭のラテン・アメリカ経済の危機の解決において主導権を発揮することはなかったのである。このことは，次節でみていくように，1930年代のラテン・アメリカ諸国において英

図表 補-4……ラテン・アメリカ諸国の輸出額・量（1932年）

指数：1928年＝100

国	輸出額	輸出量
アルゼンチン	37	88
ボリビア	79	48
ブラジル	43	86
チリ	47	31
コロンビア	48	102
コスタリカ	54	81
ドミニカ共和国	55	106
エクアドル	51	83
エル・サルバドル	30	75
グアテマラ	37	101
ハイチ	49	104
ホンジュラス	91	101
メキシコ	49	58
ニカラグア	50	78
ペルー	39	76
ベネズエラ	81	100
ラテン・アメリカ	36	78

出所：L. Bethell ed., *The Cambridge History of Latin America, Vol. 4*, Cambridge University Press, 1994, p. 77 より作成。

補章　英国金融使節団と大不況下のラテン・アメリカ

国金融使節団が積極的に活動する要因の１つとなった。

　一方，ラテン・アメリカ諸国政府は，当初，輸入削減や為替管理政策の導入，あるいは通貨切り下げなどの政策を場当たり的に導入するのみであったが，次第にケメラー使節団が課した財政・金融上の規律を無視するようになっていく。その理由は，第一に，アメリカからの新規借款供与の可能性がほぼなくなったため，ケメラー使節団の勧告に従う動機が失われたこと，第二に，1929 年恐慌に伴う一次産品輸出経済の危機は，ケメラー使節団が勧告した正統な財政・金融政策の枠組みの中で対処できる性質のものではなかったこと，

図表 補-5……ラテン・アメリカ諸国のデフォルト

（単位：ドル）

国	デフォルトの日付	1933 年時点の 長期対外債務残高
アルゼンチン	デフォルト無	864,000,000
ボリビア	1931 年 1 月	63,000,000
ブラジル	1931 年 10 月	1,239,000,000
チリ	1931 年 7 月	343,000,000
コロンビア	1932 年 2 月	164,000,000
コスタリカ	1932 年 11 月	21,000,000
キューバ	1933–34 年	153,000,000
ドミニカ共和国	1931 年 10 月	16,400,000
エクアドル	1931 年 7 月	23,000,000
エル・サルバドル	1933 年 1 月	4,000,000
グアテマラ	1933 年 2 月	14,000,000
ハイチ	デフォルト無	13,000,000
ホンジュラス	デフォルト無	4,000,000
メキシコ	1914 年	684,000,000
ニカラグア	デフォルト無	21,000,000
パナマ	1932 年 1 月	16,000,000
パラグアイ	1932 年 6 月	3,000,000
ペルー	1931 年 5 月	114,000,000
ウルグアイ	1932 年 1 月	98,000,000
ベネズエラ	デフォルト無	0

出所：Marichal, op. cit., pp. 212–213 より作成。

以上である。したがって，最終的にラテン・アメリカ諸国政府は，ケメラーが課した財政・金融上の規律を無視し，非正統的な財政・金融政策を実施していくこととなった。これは，基本的にはケインズが提唱していた反循環政策であり，金本位制によって結合された対外経済と国内経済を遮断することを企図したものであった。

2. 英国金融使節団の活動

ここでは，大不況下ラテン・アメリカにおける英国金融使節団の活動についてみていく。

(1) 現状分析

イングランド銀行は，大不況下ラテン・アメリカ諸国の中央銀行の業務内容や，それらを取り巻く政治・経済状況について分析した報告書をいくつか残しているが，これらの報告書の内容は，①中央銀行の独立性に関する問題，②金の再評価の問題，以上の2点に集約できる。以下では，これらについて順にみていきたい。

①に関しては，イングランド銀行海外・外国局（Overseas and Foreign Department）の1936年4月17日付の報告書において詳細に分析されている[19]。

まずは，ケメラーによって中央銀行が創設された「ケメラー諸国」（Kemmerer countries，コロンビア，エクアドル，ペルー，ボリビア，チリ）における中央銀行を取り巻く状況について記されている。それによると，中央銀行は政府による管理下に置かれており，後者は前者に対して，経済危機を緩和することを目的とした公共事業を行うために資金援助を要求しているのみならず，戦争，あるいは潜在的な戦争の可能性のために資金提供を求めている，と記されている。

次に，「ケメラー諸国」の中央銀行政策の問題点について言及されている。それによると，中央銀行の政策の策定・実行において各国政府の思惑が介在しており，また，これら諸国の財政・金融は，危険なほど政治の影響を受けてい

156

ると記されている。また，エクアドルやペルーのように，独裁政権下にある諸国においては，政治の影響が危険なほど大きいのは当然であるが，チリのように政治的に分裂し，財務大臣が辞任するような国においても，その危険性は大きいとしている。一方で，コロンビアのように政治的状況が穏やかな国においては，インフレーションは生じておらず，物価や生計費も安定しているという。

　また，アルゼンチンを除くほとんどのラテン・アメリカ諸国においては，政府の発行する公債を吸収できるほどの資本市場が発展しておらず，海外からの借入れもできない状況であることが指摘されている。したがって，ラテン・アメリカ諸国の中央銀行は，直接的に政府に貸し付けるか，あるいは商業銀行を介して政府証券を再割引することによって，軍備のための資金を供給しているという。そして，このことが卸売価格や生活費の高騰を招いていると記されている。

　最後に，イングランド銀行は，以上のような事態を招いた最大の原因を，大恐慌の発生以降，「ケメラー諸国」の中央銀行が「政府からの独立性」を失ってきたからであると総括している。このように，同行は，1920年代にケメラー使節団によって創設されたラテン・アメリカ諸国の中央銀行を取り巻く政治・経済状況と，その政策に対して危機感を持ち，改革の必要性があると認識していたことがわかる。

　②に関しては，イングランド銀行海外・外国局の1935年6月27日付の報告書「金準備の再評価」において分析されている[20]。1931年9月のイギリスによる金本位制停止に続き，世界最大の金保有国アメリカも金本位制停止に踏み切り，1934年1月には金準備法（Gold Reserve Act）を制定しドルの切り下げを実行した[21]。同法によって，従来の純金1オンス（トロイ・オンス＝約31.1g程度）＝20.67ドルから35ドルに相場が変更されたが，これに伴って生じたのがラテン・アメリカにおける金の再評価の問題である。

　この報告書によると，上述のアメリカの法律発布の後，多くのラテン・アメリカ諸国政府は金準備を再評価する政策を実行したが，この再評価を最初に行ったのはエル・サルバドル政府であった。1934年6月19日制定の法律に

よって，新設されたエル・サルバドルの中央銀行は，上述のアメリカの法律に一致する形で金準備の再評価を行った。従来の2コロン（colon）＝1金ドルの評価が，2.5コロン＝1金ドルに切り下げられた結果，莫大な評価益（paper profit）がもたらされ，これは，政府の中央銀行に対する債務削減，商業銀行の発券権喪失に対する補償，為替平衡操作の資金，そして中央銀行が商業銀行から引き継いだ不良債権処理に使用されたという。

アルゼンチンにおいては，1935年3月28日に中央銀行創設関連諸法案が可決され，兌換局から400純金オンスの金が，標準バーあたり4万3,000ペソを超えない額で中央銀行に移転されることが規定された。その上で，同年6月，15ペソ＝1金ポンドから，25ペソ＝1金ポンドへの再評価が実行された。しかし，同報告書には，エル・サルバドルとは異なり，アルゼンチンの再評価は，アメリカの状況に合わせるために場当たり的に実施されたものであったと記されている。そして，アルゼンチンにおいては，金の再評価による収益は，政府債務の削減と商業銀行の凍結資産の清算に使用されるだろうと予想されている。

1935年4月6日の法律によって，コロンビアの中央銀行が保有していた金も再評価されたが，ニューヨークにおける同日のペソと金のレートに基づいて実行されたと記されている。同法によると，金の価格は毎日のペソ＝ドルのレートに伴って収益が変動したという。なお，コロンビア政府は金の再評価による収益の用途に関しては公表しなかったという。また，ウルグアイにおいては，1935年5月26日の法律によって，金・銀準備が再評価され，収益は市中銀行の改革と抵当貸付，農民救済，種々の大規模な公共事業，文化・芸術の奨励などに使用されたという。なお，ブラジルについては，実質的に金準備を保有していないので，幸運なことに金の再評価に伴う混乱が生じることはないと記されている。

最後に，かかるラテン・アメリカ諸国の金の再評価について，これら諸国の政府が，実際に公表した通りに収益を使用する保証はないという危惧が表明されている。そして，ウルグアイにおいてはインフレーションの発生が不可避であり，アルゼンチンとコロンビアにおいては，目下のところインフレーション

は発生していないが，それが発生する可能性は高いと指摘されている。一方で，エル・サルバドルの事例は，インフレーションを発生させることなく金の再評価を行った成功例であると評価されている。

　以上でみてきたように，ドルの切り下げは，ラテン・アメリカ諸国政府に莫大な臨時収入をもたらした。同報告書において，ラテン・アメリカ諸国における金の再評価は，「当世風の熱狂」（fashionable fever）と表現されている。事後的にみると，実際には金の再評価によってインフレーションが進行することはなかったが，イングランド銀行にとって，それはインフレーションを惹起し健全通貨の原則を損なうものとして把握された。したがって，イングランド銀行から派遣された金融使節団は，アルゼンチンやエル・サルバドルに対して，金の再評価に関する勧告を行っていくこととなる。

⑵　活動の実態

　ここでは，イングランド銀行海外・外国局の 1935 年 10 月 25 日付の報告書を利用し[22]，金融使節団の活動の実態と 1935 年時点での帰結について把握していこう。

　まず，同報告書の冒頭において，ラテン・アメリカ地域は経済思想が「伝染しやすい」（catching）という見解が示されている。その上で，1933 年のアルゼンチンに対するニーマイヤー，そして 1934 年のパウエルのエル・サルバドルへの派遣を，成功した事例として紹介している。さらに，この例に倣い，他の国々においても中央銀行が創設される可能性が高いと記されており，イングランド銀行はラテン・アメリカに対する金融使節団の派遣に対して楽観的な展望を抱いていたことが確認できる。

　さて，同報告書には「ケメラー諸国」，およびグアテマラとメキシコは，中央銀行，あるいは中央銀行の機能を果たす何らかの機関を既に保有していると記されている。しかし，イングランド銀行の視点からすれば，これら諸国は真の中央銀行の要請を満たす法規を持っておらず，ラテン・アメリカ諸国政府は，セントラル・バンキングに関する歴史と伝統を持つイングランド銀行に対してアドバイスを求める可能性が十分にあるという展望が示されている。

これに続けて，各国の現状や金融使節団派遣要請の可能性について記されている。まず，「ケメラー諸国」に分類されるエクアドルについては，同国は既に「ケメラーの中央銀行」（Kemmerer Central Bank）を持っているが，過去数カ月の間，イングランド銀行に金融使節団の派遣を要請してきたという。そして，これら諸国においては，政治的に不安定な状況が続いているので結果として金融使節団の派遣は見合わされたが，政治の安定が回復されれば，再びその要請を受ける可能性があるという展望が示されている。また，ボリビアは1929年にケメラーのアドバイスを受けて中央銀行を創設したが，同行はチャコ戦争（Chaco War，1932-35年，パラグアイとの国境紛争でボリビアは敗北）の間は政府に対して巨額の貸付をし，インフレーションを引き起こしたという。しかし，1935年10月以降，政府の中央銀行に対する債務は減少していると記されている。

パラグアイは金融使節団派遣の可能性が最も高い国と記されている。同国においては，1925年に中央銀行創設が議論された際に，政府の通貨発行機関である為替局が，イングランド銀行に勘定を開設し，同局の中央銀行化が図られたという経緯があった。したがって，1931年にニーマイヤーがブラジルを訪問した時には，パラグアイの在ロンドンの代理大使が正式にイングランド銀行総裁に金融使節団の派遣を求めたという。しかし，パラグアイ政府から金融使節団派遣の要請を受けたノーマンは，国際決済銀行（Bank for International Settlements）のジェファーソン（H. Jefferson）を紹介した。これに対して，パラグアイ政府は，偏りのないイングランド銀行のアドバイスを受けることができないのは残念であると遺憾の意を表したという。

その他，ホンジュラスについては，政府と2行の発券銀行が存在するという状況であるが，同国政府は，エル・サルバドルに滞在していたパウエル使節団に対して，ホンジュラスにも立ち寄るよう要請したと記されている。また，ウルグアイは，共和国銀行（政府の機関）を再編し，発券部をイングランド銀行の流儀に従って創設したという。しかし，大統領は，通貨の管理権を手放すことを拒否しているので，金融使節団の派遣は要請される可能性は低いと記されている。ニカラグアについては，発券等の中央銀行の業務がニューヨーク連邦

準備銀行（Federal Reserve Bank of New York）によって管理されており，同国政府は通貨の管理権を取り戻すこと望んでいること，そして，ベネズエラには，7つの発券銀行があり混乱した状況であることが指摘されている。

最後にブラジルに関して，かつて同国政府はイングランド銀行に対して金融使節団派遣を要請したことがあるが，「口に合わない料理」（unpalatable dish）を再度求めることはないであろうと記されている。実は，イングランド銀行は1931年1月にニーマイヤーをブラジルに派遣し，①ブラジル銀行（Bank of Brazil）の「正統な中央銀行」への転換，②均衡財政の確立・維持，③鉄道・郵便事業の民営化などを要請したが，大統領ヴァルガス（G. Vargas）によって拒否された経緯があった[23]。

以上のように，既にケメラーの勧告の下で中央銀行を創設していた諸国からも金融使節団派遣の要請がなされていたこと，また，多くのラテン・アメリカ諸国の政府が金融使節団派遣の派遣要請を前向きに検討していたことが確認された。そして，ブラジル，アルゼンチン，そして，エル・サルバドルに対しては実際に金融使節団が派遣され，アルゼンチンとエル・サルバドル両国においては，実際に中央銀行の創設がなされたことが明らかとなった。以下では，エル・サルバドルにおける金融制度改革を事例として，イングランド銀行から派遣された金融使節団の活動をより具体的にみていきたい。

3. エル・サルバドルにおける金融制度改革

本節では，エル・サルバドルにおけるパウエル使節団の活動について検討する。

(1) パウエル報告書

ここではパウエルが1934年3月8日にエル・サルバドル政府に提出した報告書の内容をみていく[24]。エル・サルバドル政府は，同報告書に基づいて中央銀行を創設したとされる。同報告書は，現状分析を行った本文23パラグラフと，3つの付則から構成されている。なお，付則は「一般法」，「エル・サルバ

ドル中央準備銀行法」，そして，「一般銀行法」の草案となっている。紙幅の都合上，草案の部分は重要な部分を適宜引用するに止め，以下では，報告書の本文23パラグラフを中心にみていこう。

第1パラグラフにおいては，パウエル使節団がエル・サルバドルに派遣されるに至った経緯が記されている。具体的には，エル・サルバドル政府は，Banco Agricola Comercial（以下「アグリコーラ」）の中央銀行化を企図して，同行の株式の過半数を購入した上で，1933年末にセントラル・バンキングに関するアドバイスを求めてパウエルを招待したと記されている。

第2, 3パラグラフにおいては，コーヒー産業に過度に依存したエル・サルバドル経済の問題点が指摘されている。それによると，エル・サルバドル経済のリズムは単一の作物であるコーヒー豆によって規定されているので，もしそれが豊作や高値になると，国庫収入は増大し，輸送，商業など，その他すべての経済活動も刺激され活発になる。したがって，中央集権的な銀行の管理がなければ，景気の変動は著しく激しいものになるという。それゆえ，通貨制度は，季節的に変動するビジネスの量や，年々変化する経済的繁栄の度合いに適合するよう設計されるべきだと記されている。

第4パラグラフにおいては，エル・サルバドルの銀行制度の問題点が指摘されている。これによると，同国には通貨・信用の統制という義務を果たすべき特定の機関，そして，通貨の対外価値の安定を維持する責任を持った中央組織が存在せず，エル・サルバドルの銀行制度は十分な機能を果たせずにきたと記されている。

第5パラグラフにおいては，市中銀行の状況について記されている。それによると，エル・サルバドルにおいては，3行の商業銀行が発券の特権を享受してきたが，それらは国民の真の需要に十分に応えていないという。なぜなら，これら3行は発券権を利益の源泉と考えており，健全通貨を供給するという意識がないからだとされている。また，これらの銀行は，営利のみを追求し協調的な行動をとったことはないと記されている。

第6パラグラフにおいては，中央銀行創設の必要性が説かれている。それによると，エル・サルバドルにおいては，銀行業の構造は完全な再編を必要とし

ているが，それは注意深く徐々に遂行すべきだとしている。そして，この仕事の第一歩は，「正統な中央銀行」を創設することであるとしている。

第7パラグラフの冒頭においては，中央銀行は銀行券発行の独占的権力を持つべきだとされ，「近代的な諸国家」において，この原則を採用していない国は稀であると記されている。これに加えて，民間の商業銀行は発券権を放棄すべきであり，かかる権利がなくとも，商業銀行は十分に利益を上げることができると付言されている。また，次の第8パラグラフにおいては，中央銀行は商業銀行とビジネス上競合することはないとされている。

なお，発券に関しては，付則の「エル・サルバドル中央準備銀行法」の第36条から第41条において規定されている。それによると，中央銀行による発券は，「健全かつ近代的な通貨の原則」に合致するものであり，発券準備に関しては，「銀行協力の近代的なアイディア」に基づくべきであるとされている。そのアイディアとは，25%の発券準備金は，金および，金と同等の価値のある通貨で保有することによって，金の節約を図るというものであった。

第9パラグラフにおいては，中央銀行は既存の銀行券を回収すると同時に，諸発券銀行が保有している金やその他資産を接収することが規定されている。さらに，これらのことについて発券銀行と交渉するために，組織委員会が設置される必要があると記されている。

第10パラグラフにおいては，①金の再評価が1934年1月のアメリカの法律で規定された割合に即して行われるべきこと，②商業銀行が保有する不良資産を中央銀行の「特別信託勘定」（Special Trust Account）に移し，それを政府が無利子の5年満期の国債を発行して処理すべきこと，③中央銀行に抵当部を設置すべきではないこと，以上のことが記されている。

第11パラグラフにおいては，発券量は，上限の絶対額を設定するのではなく，中央銀行の信用量の調整によって決定されるべきであり，この手段によってしかインフレーションは抑制できないと指摘されている。また，エル・サルバドルにおいては，経済活動の量と比較して，既に過度の通貨が流通しており，これ以上発行する必要はないとされている。

第12パラグラフにおいては，ブリュッセル会議における決議が引用され，

163

中央銀行の独立性は，世界中で普遍的に認められた原則であると明記されている。また，ケメラーが政治的影響によってチリ中央銀行創設の成功が水泡に帰すのではないかという危機感を抱いていることが言及され，「政府の影響から独立した」中央銀行を創設することがいかに重要であるかを説いている。

　第13，14パラグラフは，中央銀行の資本金に関わるものである。ここでは，資本金が巨額であれば，配当を実現する必要性から利潤を上げるという動機を強くするので，160万コロンを超えない程度に制限すべきだと指摘されている。また，市中銀行と中央銀行との間の関係を強化するために，資本金の半分を前者が出資し，残り半分は公募されるべきだとしている。さらに，市中銀行は，中央銀行に対する出資によって議決権をえる一方で，中央銀行に市中銀行の状況に関する情報を提供する義務を負うべきであると記されている。

　第15パラグラフにおいては，市中銀行は，中央銀行に適当な割合の現金準備を保有すべきだと記されている。そして，これらを用いて諸銀行は日々の決済を迅速かつ簡単にできるようになり，中央銀行の発券量は抑制されると記されている。

　第16パラグラフにおいては，コロンの対外価値はドルに基づいて決定されるべきであると指摘されている。その理由は，世界の主要通貨の兌換が停止され，世界経済が不安定な状況下では，コロンを，地理的に近接しており，また，金融的に密接な関係にあるアメリカのドルに連動させることは，唯一の現実的かつ有効な政策であるからだとされている。

　第17パラグラフにおいては，中央銀行が大不況下という困難な時期に創設されること，その機能がデリケートで新奇なものであること，以上の理由から，新設される中央銀行は営業を開始した日から1年間，セントラル・バンキングの業務に通じた専門家を技術アドバイザーとして招聘すべきであるとされている。

　第18パラグラフにおいては，中央銀行はすべての借入主体に対して常に無制限の信用供給者になってはならないとされ，信用量の調整によって経済成長と健全な金融システムの確立を実現すべきであると規定されている。

　第19，20，21，22パラグラフにおいては，通貨価値の安定にとって均衡財

政は必須の条件であること，そして，銀行システムは政府の財政上の理由によって濫用されるべきではないこと，以上が重要であると指摘されている。そして，様々な種類の政府の短期債務は，政府が健全財政を維持する上で常に障害となってきたので，それは削減されなくてはならないと指摘されている。さらに，中央銀行は財政に関する各種の統計を毎月公刊すべきであると記されている。

第23パラグラフには，報告書作成において利用した統計資料を提供した諸機関に対する謝意と，エル・サルバドルが過去に種々の経済問題を克服してきたことに対する賛辞が記され，同報告書は閉じられている。

ここで注目すべきは，第Ⅲ章でみたアルゼンチン政府に対するニーマイヤー使節団の勧告とほぼ同じ内容であることである。すなわち，①中央銀行を中心に編成された集権的な金融制度の確立，②中央銀行の独立性の保証，③中央銀行への準備資金集中による規律ある発券体制の確立，④中央銀行体制を成功させるための均衡財政の維持・実現，以上である。やはり，それは，「正統な中央銀行」の創設と，それを担保する「中央銀行の独立性」と均衡財政の維持を要請するものであった。経済規模や産業構造が大きく異なるアルゼンチンとエル・サルバドルに対して，イングランド銀行はほぼ同じ内容のアドバイスをしていたのである。

⑵　エル・サルバドル中央準備銀行の成立

1934年6月19日，法律第64号「エル・サルバドル中央準備銀行法」（以下「中銀法」）と第65号「エル・サルバドル中央準備銀行組織法」（以下「組織法」）が制定され，エル・サルバドル中央準備銀行（Banco Central de Reserva de El Salvador，以下「BCRES」）が営業を開始した[25]。両法の成立によりBCRES が創設され，エル・サルバドルにおけるドラスティックな金融制度改革が実現することとなった。では，具体的にいかなる改革がなされたのであろうか。

図表 補-6 を参照されたい。エル・サルバドルの銀行制度は，三大商業銀行，すなわち，先述のアグリコーラ，Banco Salvadoreño（以下「サルバドレー

ニョ」），Banco Occidental（以下「オクシデンタル」）による寡占体制を特徴としてきた[26]。しかし，パウエル使節団派遣の結果，3行の中で最も規模の小さいアグリコーラは中央銀行へと転換されると同時に，1899年以降与えられてきた発券権が廃止され，BCRESが発券権を独占することとなった。これによっ

図表 補-6……エル・サルバドルにおける金融組織の再編

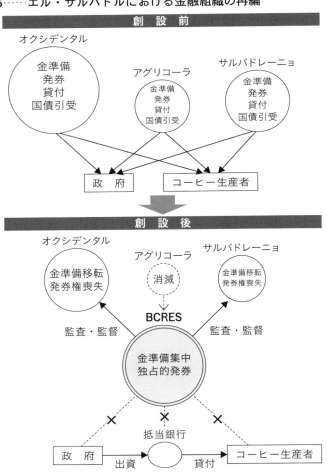

出所：著者作成。

て，預金ではなく発券によって調達した資金を抵当貸付に回すという野放図な経営を行ってきた三大銀行の寡占体制は終わりを告げ，中央銀行を中心に編成された中央集権的な金融制度が定着することとなったのである。では，BCRES は果たして，ノーマンが理想とする「正統な中央銀行」の条件を備えていたのだろうか。

　最初に，ノーマンが最も重視していた政府の影響から独立した中央銀行の創設，という点についてみていきたい。これについては，組織法第6条の資本金に関する規定において，政府は出資せず，一般投資家と商業銀行が出資することとされた。また，第11条において，総裁は株主総会によって指名され，政府は認可するのみとされた。実際に選出された理事は，コーヒー委員会の代表，オクシデンタル頭取，そして商業界の代表であった。これに加え，政府に対する直接・間接的な貸出しは禁止され，中央銀行の独立性は保証されることとなった。

　次に，「正統な中央銀行」が果たす基本的役割といえる金の節約・集中についてみていこう。中銀法第1条の規定に基づき，エル・サルバドルの三大商業銀行を中心に構成されていたエル・サルバドルの通貨・銀行制度が，中央銀行化したアグリコーラ＝BCRES を中心として編成された中央集権的なものへと転換された。事実上アグリコーラは廃業となり，サルバドレーニョとオクシデンタルの金はそれらが保有した不良債権とともに，BCRES へと移管されたのである。なお，後に再度検討するが，これらの不良債権は金の再評価による収益によって処理されたので，事実上，BCRES は商業銀行の金を何らの支出を伴うことなく取得することに成功したといえる。

　また，中銀法第2条によって，商業銀行の発券権は停止され，BCRES が唯一の発券銀行となった。なお，組織法第40条の規定により，BCRES は発券総額の25% の金準備を保有することが義務づけられた。先述のように，各商業銀行は30% の発券準備規定に服していたので，銀行券発行の裏づけとなる金準備率は5% も引き下げられたことになる。したがって，ノーマンが「正統な中央銀行」が担う基本的な役割の1つである金の節約・集中が，以上の規定によって実行されることとなったのである。

167

最後に，健全通貨と関わる金の再評価に関してみていきたい。中銀法第4,
5条によると，パウエルが指示したように，アメリカの「金準備法」において
規定されたドルの金に対する切り下げ率と同じ割合で，BCRESに集中された
金は再評価されることになった。この操作によって生み出された収益は，商業
銀行3行からBCRESに移転された政府の債務の返済に使用され，その他は中
央銀行の発券準備に組み込まれることが決定された。実際には**図表 補-7**で示
したように，金の再評価による収益は456万6,000コロンにも上ったが，上述
のように主に商業銀行に対する政府の債務償還に使用され，インフレーション
が生じることはなかった。

　なお，エル・サルバドル国内では抵当局を設置すべきという強い要望があっ
たが，パウエルの反対によって見送られることとなったことも重要である。中
央銀行に抵当局を設置することは，当然，中央銀行の独立性や健全通貨を脅か
す危険性をはらんでおり，実際にパウエルが「近代的な諸国家」と呼んだ英米
仏などの国にいては，中央銀行による抵当貸付は禁止されていた。したがっ
て，パウエルの助言が容れられ，1935年8月，政府が33%出資する半公的な
機関であるエル・サルバドル抵当銀行（Banco Hipotecario de El Salvador）が中
央銀行とはまったく別の機関として創設された。なお，同行は，コーヒー生産
者対して，商業銀行よりも安い金利で長期貸付を行ったため[27]，商業銀行は抵
当貸付ビジネスにおける独占的な立場を脅かされることとなった。BCRES創
設によって，商業銀行は発券と抵当貸付という2つの主要な利益の源泉を失う
ことになったのである。

図表 補-7……金の再評価益

(単位：1,000ペソ)

	アグリコーラ	オクシデンタル	サルバドレーニョ	合計
新価格	1,812	3,730	5,611	11,153
旧価格	1,070	2,203	3,314	6,687
評価益	742	1,527	2,297	4,566

出所：OV20/11, Bank of England Archive 所収の表より作成。

⑶ 中央銀行創設における現地政策主体の役割……………………………

　以上でみてきたように，エル・サルバドルの金融制度は 1934 年の BCRES 創設によってドラスティックに改革された。また，アルゼンチンの場合とは異なり，エル・サルバドルにおいては，概ねパウエル使節団が理想とする組織・機能を備えた中央銀行が創設された。セイヤーズの研究によると，パウエルの「サン・サルバドルでの成功は，常務委員会においてノーマン総裁によって披露されたし，彼の後を継いだ南アメリカ問題に関する同行専門家達によって，その後長い間記憶された」という[28]。では，かかる「成功」をもたらした要因は一体何であったのだろうか。セイヤーズの研究を含め，従来の研究はこの点について十分に検討してこなかったので，以下で考察してみたい。

　エル・サルバドルにおいて，「正統な中央銀行」が創設された最大の理由は，パウエル使節団が大統領マルティネス（M. H. Martínez）の全面的な支援・協力をえることができたからである[29]。マルティネスは，1934 年 3 月 20 日，パウエル，財務大臣，そして商業銀行 3 行の頭取などの諸利害関係者を大統領宮殿に招集し，パウエル使節団の報告書に基づいて BCRES を創設することを決定した。以下で，BCRES 創設を取り決めたこの会議の様子を紹介しておきたい[30]。

　まず，会議の冒頭でマルティネスは，①アメリカにおいては，第一次大戦の危機後に連邦準備制度が形成されたこと，②ラテン・アメリカ諸国の中でエル・サルバドルは，発券権が単一の機関に集中されていない唯一の国であること，以上の点を論拠に，パウエルの勧告に従って中央銀行が創設されるべきであると説いた。これに加え，財務大臣カストロ（C. M. Castro）は，エル・サルバドルが健全通貨の利益を享受するためには，BCRES 創設が必要であると主張した。

　以上の主張に対して，サルバドレーニョのギロラ（A. Guirola）は，エル・サルバドルにおいては中央銀行の創設は必要なく，とりわけ今はその時期ではないと反対した。この論拠として，①これまで，3 つの発券銀行は問題なく営業されてきた，②法的に保障された発券権を強制的に放棄させるべきではな

169

い，③現在の銀行システムを変更する理由がない，④３カ月，あるいはそれよりも短い期間の貸出しは，イギリスにおいては有効であるが，抵当貸出が主流のエル・サルバドルにおいてはそうではない，以上のことが指摘された。これに加え，オクシデンタル取締役のブルーム（B. Bloom）によって，中央銀行に対して一般投資家が出資するという点に対して疑問が呈された。

　以上のように商業銀行関係者からの強い反対があったが，マルティネスはこれらの意見を斥け中央銀行の創設を決定した。このように，パウエル使節団によるBCRES創設計画は，マルティネスの後援があったからこそ実現したのである。では，なぜマルティネスはBCRESの創設を強力に推進したのであろうか。

　マルティネスがBCRESの創設を支持した背景には，政敵デューク（R. Duke）との政治的闘争が存在した。デュークは，19世紀末に，イギリスからエル・サルバドルに渡り鉄道や港湾建設などのビジネスで成功した父の遺産を受け継ぎ，上述のアグリコーラを創設した人物である[31]。その財力と人脈を背景とする影響力は，経済界のみならず政界にまで及んでいたという。このように，デュークは，原住民の血を引く中産階級出身の軍人であったマルティネスとはまったく異なる経歴を持ち，政治・社会的立場も大いに異なっていた。かかる相違は両者の対立を生み，デュークは，クーデターによって成立したマルティネス政権が，アメリカの承認をえることができずにいた状況を利用し[32]，メネンデス（A. I. Menéndez）将軍を擁立することによってマルティネスの排除を画策していた。この動きに対しマルティネスは，中央銀行の創設によって，デュークの影響力の源泉であるアグリコーラの特権的地位を突き崩すことを意図していたのである。

　以上のように，エル・サルバドルにおいて，「正統な中央銀行」の創設が実現した理由は，大統領マルティネスという現地政策主体の政治的意図があったからである。結果的にマルティネスは，エル・サルバドルにおける中央銀行の創設において，大きな役割を果たすこととなったが，その理由は，ノーマンやパウエルが主張する「正統な中央銀行」の教義に共鳴したからではなく，BCRESの創設が自らの政治的闘争上の利害関係と一致したからであった。第

Ⅲ章でみたアルゼンチンの場合と同様に，BCRES の創設を主導したのは現地政策主体だったのである。

小括

　以上の検討を踏まえ，両大戦間期における英国金融使節団の活動に対して，いかなる評価を下すべきだろうか。第Ⅲ章や本章でみてきたように，中央銀行の創設によってアルゼンチンとエル・サルバドルがスターリング・ブロックに正式に組み込まれることはなかった。これは，ケインがカナダ中央銀行創設に関する研究から導き出した結論と同様である。また，ノーマンの国際金融秩序再建による世界平和の実現という遠大な構想は，最終的に第二次大戦の勃発によって実現することはなかった。

　しかし，両大戦間期における英国金融使節団の活動は，貸付と引き換えに英米基準の構造調整政策を強要する現代の国際通貨基金（IMF）や世銀の活動を彷彿とさせる。英国金融使節団は，自らの勧告内容を「正統」，あるいは「近代的」なものとして，「周辺」諸国政府に対して受容するよう要請し，実際に中央銀行を中心に編成された金融制度の確立を実現していった。この事実から，英国金融使節団の活動は，両大戦間期における英米基準の財政・金融，さらには経済に関するグローバル・スタンダードの確立を推進した主要な要素の1つであったと評価することが可能ではあるまいか。

　一方で，1930 年代英国金融使節団のラテン・アメリカにおける活動は，1920 年代に後退した同地域におけるイギリスの影響力を回復する上で，大きな成果を収める可能性を秘めていたにもかかわらず，それはささやかなものに止まった。当時のラテン・アメリカ諸国政府は，1929 年恐慌の発生によって惹起されたアメリカに対するイギリスの経済的影響力の相対的上昇という事態を踏まえ，イギリスから財政・金融上のアドバイスを受けるべきだと考えていた。したがって，イングランド銀行にとって 1930 年代は，ラテン・アメリカ諸国に対して，自らの財政・金融制度改革に関する処方箋を受容させ，同地域における金融的影響力を強化する格好の機会だったのである。実際に，先に言

及したように，多くのラテン・アメリカ諸国が，英国金融使節団の招聘を計画していた。では，かかる有利な状況であったにもかかわらず，なぜ限定的な成果に止まったのであろうか。

これまでの検討によって，英国金融使節団は，経済規模や金融市場の発展度に大きな差異があるアルゼンチンとエル・サルバドルに対して，同じ内容の処方箋を提示していたことが明らかにされた。具体的には，ニーマイヤーとパウエルの報告書は，ともに「正統な中央銀行」の創設と，それを担保する「中央銀行の独立性」と均衡財政の維持を要請するものであった。このように，英国金融使節団の勧告の内容は，カリスマ的総裁ノーマンの影響力の大きさ，あるいは，金本位制やその変種たる金為替本位制に対する絶大な信仰ゆえに，被派遣諸国の経済事情を無視した教条主義的なものとなったと考えられる。

かかる英国金融使節団による勧告の内容の保守性・硬直性は，1940年代ラテン・アメリカ諸国に対して派遣された米国連邦準備制度理事会のトリフィン使節団の革新性・柔軟性とはきわめて対照的である[33]。いずれにせよ，上述の特質こそが，英国金融使節団のラテン・アメリカにおける活動の成果を，1940年代以降の米国金融使節団，あるいはIMFや世銀主導のそれと比較して限定的なものにした理由であったと考えられる。

さらに，英国金融使節団の活動は，現地政策主体の協力があったからこそ一定の成果を上げたという点にも注目すべきである。先にみたように，エル・サルバドルにおいては，大統領マルティネスが政敵デュークとの対抗上，中央銀行の創設を必要としたからこそBCRESの創設が実現された。このように，ラテン・アメリカ諸国の中で中央銀行が創設された国には，必ず現地に中央銀行創設を志向した推進主体＝「コラボレーター」が存在したのである。ケインとホプキンズは，イギリスの政策主体の意図を強調してきたが，中央銀行創設をめぐる交錯した利害関係のベクトルは，「中心」から「周辺」へと一方的に向かうものではなく双方向的なものであったといえよう。

英国金融使節団と
大不況下のラテン・アメリカ

補章

注

1　E. H. Carr, *The Twenty Years' Crisis 1919-1939: An Introduction to the Study of International Relations*, Macmillan, 1939（井上茂訳『危機の二十年 1919-1939』岩波文庫，1996 年）

2　ノーマンの構想については，R. S. Sayers, *The Bank of England, 1891-1944*, Cambridge University Press, 1976（日本銀行金融史研究会訳『イングランド銀行（上）』東洋経済新報社，1979 年）邦訳，第 8 章；S. Strange, *Sterling and British Policy: A Political Study of an International Currency in Decline*, Oxford University Press, 1971（本山美彦他訳『国際通貨没落過程の政治学―ポンドとイギリスの政策―』三嶺書房，1989 年）邦訳第 2 章；G, Peteri, *Revolutionary Twenties: Essays on International Monetary and Financial Relations after World War I*, Department of History, University of Trondheim, 1995, Chap. 3 を参照されたい。

3　筆者は以前，南アフリカ準備銀行（South African Reserve Bank）創設において大きな役割を果たしたストラコシュ（H. Strakosch）の構想を検討することによって，「正統な中央銀行」の起源やその組織・業務の内容の実態を明らかにしている。佐藤純「国際金本位制の動揺・崩壊と両大戦間期における中央銀行創設運動―ヘンリー・ストラコシュ卿による南アフリカ準備銀行の創設を中心に―」『ヨーロッパ文化史研究』東北学院大学，第 12 号，2011 年 3 月を参照されたい。

4　イングランド銀行は各国政府に対し，金に代わる準備資産としてポンドの使用を求めた。というのも，「正統な中央銀行」が創設されればされるほど，イギリスの国際的シニョリッジは増大するからである。シニョリッジ（seigniorage, 通貨発行特権）については，宿輪純一『通貨経済学入門』（第 2 版）日本経済新聞出版社，2017 年，30-33 頁を参照した。

5　1920 年代の中東欧諸国の財政・金融制度再建に関しては，A. Orde, *British Policy and European Reconstruction after the First World War*, Cambridge University Press, 1990, Chap. 8; Peteri, op. cit., Part III; P. L. Cottrell ed., *Rebuilding the Financial System in Central and Eastern Europe, 1918-1994*, Scolar Press, 1997，イギリス帝国諸国に関しては，A. F. W. Plumptre, *Central Banking in the British Dominions*, University of Toronto Press, 1940; I. M. Drummond, *The Floating Pound and the Sterling Area, 1931-1939*, Cambridge University Press, 1981 を参照されたい。

6　1920 年代アメリカのドル外交やケメラー使節団に関しては，P. W. Drake, *The Money Doctor in the Andes*, Duke University Press, 1989，および，P. W. Drake ed., *Money Doctors, Foreign Debts, and Economic Reforms in Latin America from the 1890s to the Present*, SR Books, 1994, Chap. 6 を参照されたい。

7　P. J. Cain and A. G. Hopkins, *British Imperialism: Crisis and Deconstruction, 1914-1990*, Longman, 1993（木畑洋一・旦祐介訳『ジェントルマン資本主義の帝国 II ―危機と解体 1914-1990―』名古屋大学出版会，1997 年）邦訳 113 頁。

8　本章の 2 と 3 の叙述は，以下の既発表論文の内容に基づいている。佐藤純「1930 年代ア

173

ルゼンチンにおける金融制度改革―周辺国における中央銀行の創設とイングランド銀行の役割―」『社会経済史学』第 73 巻第 5 号，2008 年，同「英国金融使節団と 1930 年代大不況下のラテン・アメリカ―エル・サルバドルにおけるパウエル使節団の活動―」『西洋史研究』新輯第 40 号，2011 年。

9　P. J. Cain, "Gentlemanly Capitalism at Work: the Bank of England, Canada and the Sterling Area, 1932-1936," *Economic History Review*, Vol. 49, No. 2, May, 1996, pp. 336-357.

10　M. Flandreau ed., *Money Doctors: The Experience of International Financial Advising 1850-2000*, Routledge, 2003 および，E. S. Rosenberg, *Financial Missionaries to the World: the Politics and Culture of Dollar Diplomacy, 1900-1930*, Duke University Press, 2003 を参照されたい。

11　例えば，1935 年中国幣制改革に関する久保の研究は，中国側の政策主体に焦点を当てることによって，同改革における英国大蔵省リース＝ロス（Sir F. Leith-Ross）の役割を過度に強調する従来の研究を修正している。久保亨『戦間期中国＜自立への模索＞関税通貨政策と経済発展』東京大学出版会，1999 年，第 8 章。また，ケイン自身も，1935 年カナダ銀行（カナダの中央銀行）創設に関する論文において，同行創設において主要な役割を果たしたのはカナダ側の政策主体であったことを明らかにしている（Cain, op. cit., pp. 336-357）。

12　「非公式帝国」アルゼンチンに関しては多数の文献が存在するが，さしあたり，佐々木隆生『国際資本移動の政治経済学』藤原書店，1994 年，142-153 頁を参照されたい。

13　第一次大戦後のラテン・アメリカにおける英米の経済的覇権をめぐる競合については，F. C. Costigliola, "Anglo-American Financial Rivalry in the 1920s", *The Journal of Economic History*, Vol. 37, No. 4, Dec., 1977 を参照されたい。

14　C. Marichal, *A Century of Debt Crises in Latin America: From Independence to the Great Depression, 1820-1930*, Princeton University Press, 1989, p. 206.

15　ケメラー使節団がかかる役割を果たした好例として，1923 年のコロンビアの財政・金融制度改革が挙げられる。これについては，B. R. Dalgaard, "Monetary Reform: Prelude to Colombia's Economic Development", *The Journal of Economic History*, Vol. 40, No. 1, Mar., 1980 を参照されたい。

16　Drake, op. cit., p. 9.

17　V. Bulmer-Thomas, *The Economic History of Latin America since Independence*, Cambridge University Press, 1994（田中高・榎股一索・鶴田利恵訳『ラテンアメリカ経済史―独立から現代まで―』名古屋大学出版会，2001 年）邦訳 144 頁。

18　同書 159 頁。

19　以下の叙述は，OV188/2, Central Banking in Latin America during 1934/5, BOE Archive に基づいている。

20　以下の叙述は，OV188/2, Revaluation of Gold Reserves, BOE Archive に基づいている。

21　同法については，伊豫谷登士翁「1930 年代アメリカ銀政策の展開」『経済論叢』京都大

学経済学会，第 121 巻，第 1・2 号，1978 年，68-69 頁を参照。

22　以下の叙述は，OV188/2, Bank of England Missions to Latin America, BOE Archive に基づいている。

23　ブラジルに対するニーマイヤー使節団の派遣に関しては，さしあたり，M. de Paiva Abreu, "The Niemeyer Mission: an Episode of British Financial Imperialism in Brazil", Center of Latin American Studies, *Working Papers* No. 10, University of Cambridge, 1974 を参照されたい。

24　以下の叙述は，OV20/1, Report Presented to the Government of El Salvador by F. F. J. Powell, 8th March, 1934, BOE Archives に基づいている。

25　両法については，1934 年 6 月 19 日付の *Diario Oficial*（エル・サルバドルの官報）を参照した（https://www.diariooficial.gob.sv，2011 年 2 月 10 日アクセス）。

26　OV20/1, BOE Archive に収録されている調査資料を参照。

27　T. P. Anderson, *Matanza: The 1932 "slaughter" that Traumatized a Nation, Shaping US-Salvadoran Policy to this Day*, Curbstone Press, 1992, pp. 193-194.

28　Sayers（邦訳，下）720 頁。

29　マルティネスについては，P. Parkman, *Nonviolent Insurrection in El Salvador: The Fall of Maximiliano Hernández Martínez*, University of Arizona Press, 1988 を参照されたい。

30　この会議については，OV20/10, BOE Archive を参照。

31　H. Lindo-Fuentes, *Weak Foundations: The Economy of El Salvador in the Nineteenth Century*, University of California Press, 1990, p. 183 を参照。

32　当時のアメリカは，ラテン・アメリカにおいて，クーデターによって成立した政権は承認しないという方針をとっていたが，イギリスがマルティネス政権を承認したこと，また同政権に対するエル・サルバドル国民の支持が大きかったことを考慮し，1934 年 1 月に同政権を承認した。これについては，K. J. Grieb, "The United States and the Rise of General Maximiliano Hernández Martínez", *Journal of Latin American Studies III*, 2, 1971 を参照されたい。

33　ヘレイナーによると，前者は古典的なリベラル，後者は介入主義を特徴としていた。また，前者においては，使節団は派遣国の政策当局者によってのみ構成されていたのに対して，後者においては，使節団はラテン・アメリカの専門家も取り込んだものであった（E. Helleiner, "Central Bankers as Good Neighbours: US Money Doctors in Latin America during the 1940s," *Financial History Review*, Vol. 16, No. 1, 2009, p. 5）。

おわりに

　20世紀初頭のイギリスは「ランチエ国家」（金利生活者，仏：rentier）と呼ばれることがある。この言葉からは，金融・サービス業に過度に依存した国に対する批判的ニュアンスをくみ取ることができよう。しかし，当時のイギリスの繁栄は，世界的な貿易ネットワーク（多角的貿易システム）と，それを基盤とする国際資金循環体系（多角的決済システム），さらにはそれと表裏一体の関係にあるポンド体制という確固たる基盤に裏づけられていた。かかるイギリスの国際貿易・金融におけるヘゲモニー的地位は，政治的独立を保ちながらも，金融・経済面ではイギリスに従属状態に陥った国を生み出すこととなった。

　しかし，「非公式帝国」の典型的状況とされた19世紀末葉から20世紀初頭のアルゼンチンについてさえ，「非公式帝国」下にあったと断言することはできない。当時のアルゼンチンに限らず，現在においても貿易と投資が活発に行われている場では，企業や銀行が利益を極大化するために自国政府の保護や支援に頼ることは日常的にみられる。また，公的借款についても，債権国が緊縮政策の徹底化を要求し，債務国の政府が自国民の貧困化を顧みずに債務の返済を強行する例は多々ある。また，その結果生じたデモや騒擾を，政府が暴力装置（警察や軍）を用いて抑圧する事例さえ珍しくはない。だが，これらを帝国主義的事象とするならば，債権国はすべて帝国主義国ということになる。

　さらに，第一次世界大戦以降については，「非公式帝国」の存在や「非公式帝国主義」の発露を実証することはさらに困難である。実際，本書で主に扱った1930年代から1945年において，イギリスはアルゼンチンに対して，軍事力の行使は勿論のこと，何らかの政治・外交的圧力を加えた事実も確認することはできなかった。しかも，アルゼンチンの「コラボレーター」は，イギリス側の意図を忠実に履行する従順なアクターではなく，自らの政治・経済的目的を達成すべく行動していた。そのことは，イギリスが「権力の源」（市場と資本）を十分に提供できなくなった1940年代初頭に，コンコルダンシアが容赦

177

なく対米接近を試みた事実によって明確に示されている。では，我々は「非公式帝国」の概念を放棄すべきなのだろうか。

確かに，イギリスの経済的影響力は強力であったが，それ自体を帝国主義的権力の発露として捉えることは適当ではない。実際，アルゼンチンで営業する英系企業の訴えに応じて，英国政府が介入し，現地政府の政策や行動を強圧的手段で改めさせることはなかった。また，イギリスがアルゼンチンに有する巨額の投資残高や，そこから生み出される投資の果実（利子・配当）を，軍事的圧力，あるいは強圧的な外交手段を用いて取り立てることもなかった。イギリスのアルゼンチンに対する関与は，あくまでもビジネスの流儀に従うものであったといえよう。また，1930年代の両国の金融・経済関係においても，イギリスによる露骨な搾取的行動はみられず，それは互恵的なものといえた。ただし，第二次大戦中の支払協定と封鎖ポンドの蓄積については，イギリスによる「関係的権力」を用いた搾取的側面を否定することはできない。だが，英・アルゼンチン関係を俯瞰すると，「帝国主義」という言葉で表現できるような事象を見出すことは困難である。

しかし，ここで注目すべきは，長年にわたる経済的関係を通して，アルゼンチンはイギリスやその他の債権国が「正統」，あるいは「近代的」とする財政・金融のルールを理解し，それに従うようになっていったという事実である。1824年のベアリング借款以降，両国は実に100年以上にわたって債権国と債務国という関係を続けてきたのである。確かに，アルゼンチンはしばしばルール違反（デフォルト＝債務返済の一次的遅延）を犯し，1890年には史上初とも言われる国際金融危機の震源地にすらなっている。しかし，その後，アルゼンチンは債権国イギリスが課す緊縮政策をおよそ10年にもわたって履行し，その集大成として1899年には金本位制を採用している。このように，イギリスをはじめとする債権諸国の嗜好にかなった行動をとることにより，20世紀初頭にアルゼンチンは再びラテン・アメリカ最大の借入国へと復帰した。また，1930年代大不況期においては，近隣諸国が次々とデフォルトに陥る中，アルゼンチンは利子・配当支払いを着実に履行すると同時に，国民の反発を招きながらも「近代的な」財政・金融制度を確立していった。

おわりに

　さて，ここでいささか唐突ではあるが，「メンバーシップ」という言葉について考えてみたい。「メンバーシップ」とは，ある組織のメンバーであることを意味する。メンバーは，所属する組織のルールに従うことで一定の利益を得る。一方，その組織の影響力は，メンバーから一定の貢献を引き出すことによって，あるいはメンバーの数が増えるだけでも強化されることとなる。すなわち，メンバーはルールを守る程度の役割しか果たしていなくても，組織の維持・拡大に一定の貢献をしているのである。つまり，メンバーの増加は，実質的に組織を強化するだけでなく，非メンバーに対する心理的圧力にもなり，組織とその影響力のさらなる拡大につながる。また，メンバーの知名度や社会的ステータスが高ければ，「メンバーシップ」の効果はさらに大きくなるであろう。

　以上の議論を踏まえ，アルゼンチンがイギリスにより設定された「ゲームのルール」に従い，経済大国としての地位を確立・維持していたという事実に注目したい。ルールは時代によってある程度変化するが，思いつくままに列挙すると以下のようになろう。すなわち，自由貿易体制の基本的な維持（低関税政策），対外利子・配当支払いの着実な履行，健全な通貨体制（金本位制）の維持，および財政基盤の拡大と均衡財政の維持，中央銀行を中心とする金融制度の確立，輸出経済の維持＝工業化政策の抑制，長期安定的な政権（民主的，独裁的を問わない）の維持，そして市場と価格に基づく経済体制の維持，等である。アルゼンチンは 1943 年まで，基本的に上記のルールを守る模範的プレイヤーであった。また，南米の豊かな大国として，ヨーロッパでも注目される存在であった。

　ところで，イギリス帝国史家のダーウィンは，イギリス帝国を「ブリティッシュ・ワールド・システム」（British World-System，以下「BWS」）として捉えている[1]。彼は BWS を，植民地，自治領，保護領，共同統治領（例：スーダン），委任統治領（1920 年以後），軍事要塞（ジブラルタルとマルタ），占領地（例：エジプトやキプロス），条約港，租界（上海），軍事要塞，影響圏，「商業上の優位に基づく『非公式』の植民地」，「干渉領域」（spheres of interference）

179

など，広域かつ異質な部分から構成される「コングロマリット」と定義した[2]。BWS においてアルゼンチンは，「商業上の優位に基づく『非公式』の植民地」=「商業の共和国」（the commercial republic）に分類されるが[3]，繁栄する南米の大国アルゼンチンの存在は，BWS の維持・強化において，実質的に，そして象徴的な意味においても貢献したと考えられる。

だが，BWS に属するアルゼンチンを「非公式帝国」とすること，あるいは同国に対するイギリスの関与を「非公式帝国主義」の発露であると論じるには，さらなる論理展開が必要となる。すなわち，BWS が全体として，暴力や搾取を伴う帝国的システムであったのか，ということを考察する必要がある。しかし，この点について議論の余地はあるまい。アヘン戦争や南アフリカ戦争，そしてインド大反乱や義和団の鎮圧等，イギリスがとった軍事・準軍事的行動は枚挙にいとまがない。BWS の維持・拡大，そしてその円滑な機能（「中心国」イギリスへの富の移転）は，巨大かつ実効力のある暴力装置（その示威的側面も含め）に依存していたのである。また，それを背景とした仮借のない経済・金融的搾取については，インドや南アフリカの例を挙げるまでもないであろう。

最後に，イギリスによる帝国的権力の行使と，「商業の共和国」，すなわち 19 世紀末葉に出現した貿易と投資に開かれた領域との関係について論じる必要がある。「商業の共和国」は，イギリスの軍事・外交面での活動を経済的に支える一方で，「公式帝国」の存在や，そこでの軍事力の行使が，逆に「商業の共和国」の維持・拡大を担保していた。すなわち，BWS においては，それらは表裏一体の関係，あるいは不即不離の関係だったのである。このことを踏まえると，BWS の経済的基盤を成す「商業の共和国」を，同時期に展開されていた帝国主義的政策や植民地支配と切り離し，それとは無縁な自由主義的な経済領域として把握することはできないであろう。したがって，イギリス帝国の基盤を維持・拡大する上で一定の役割を果たしていたアルゼンチンを「非公式帝国」と捉え，同国に対するイギリスの金融・経済的影響力の行使を「非公式帝国主義」と表現することは妥当なことだと考える。

「はじめに」で述べたように，「非公式帝国」の存在自体を否定する議論は根

おわりに

強く存在する。しかし，以上の議論によって，「非公式帝国」論の有効性を改めて確認できたと考えている。少なくともそれを，空疎なものとして放棄することはできないであろう。

　では以上の議論を踏まえ，「非公式帝国」という用語の定義を試みたい。まずは，オスターハンメルが中国の事例研究から引き出した，「非公式帝国の理想型」（ideal type of informal empire）の条件を示すことから始める[4]。

①二国間で権力の不均衡が存在しており，より強力な国（S）が自国の実質的な利害，あるいはそのように認識しているものを追い求めることによって，弱い国（W）が搾取されている。

②SはWに対する直接的支配を避けるが，Sの実質的な利害，あるいは，そのように認識されている利害に悪影響を及ぼす可能性を持つWの政策決定を拒否することができる。

③SはWの外交政策の方向性に対して基本的なガイドラインを課す能力を有している。理想としては，Sが主導する非対称的な同盟関係が構築されている。

④SはWに軍事的拠点を維持している。そして／あるいは，Wの軍に軍事援助やアドバイス等を通して影響力を及ぼすことができる立場にある。

⑤S国民はWに大きな経済的権益を有している。それは，代理店や多国籍企業の支店などの様々な種類のビジネス組織から成っている。

⑥収益率の高いWの経済部門に，外国人が独占的，あるいは半独占的に参入している。これらの部門においては，資源配分に関わる基本的な意思決定は外国人によって行われている。

⑦Wの公共財政は，かなりの程度，外国の民間，あるいは政府の銀行によって支配されている。また，これらの銀行の「本国」は，かかる支配的地位を利用して，Wに政治的服従を強いている。

⑧Wは資本（直接・間接投資の両方）の純受入国である。

⑨SのWに対する支配は，Wの支配者層や仲介者グループ（comprador groups）

に支えられている。「ビッグ・ブラザー」は[5]，現地の権力闘争に参加し，自身を支持する参加者を支援する。

⑩ W のコラボレーターは，部分的に，あるいは完全に，上位にある S の政治・経済的エリートと共通の「世界観」（cosmology）を共有している。

　さて，オスターハンメルが提示した 10 の条件はそれぞれ興味深いが，「非公式帝国」概念を明確化していくには，これらを再構成する必要がある。まず，⑤〜⑧は経済的従属，⑨⑩は「コラボレーター」に関する条件として統合すべきであろう。③④については，「理想型」の条件に含めるべきではないと考える。なぜなら，軍事・外交的影響力の行使は，「コラボレーション」が機能しておれば，本来必要がない，あるいは避けるべきことだからである[6]。これらの強度や頻度が増すと，「コラボレーター」の反発を招き，現地におけるクーデターや軍事的衝突が生じる。そして，「非公式帝国」は「公式帝国」に転化するか，消滅するか，いずれかに帰結するであろう。

　本書で検討したアルゼンチンの例が示すように，「コラボレーション」が機能しておれば，軍事・外交的圧力を加えることなく，強国は経済的侵入を果たすことができるのである。むしろ，「非公式帝国」の維持にとって重要なことは，「コラボレーター」が必要とする「権力の源」（市場や資本）を提供する能力である[7]。

　以上の議論を踏まえ，「非公式帝国」が成立する条件を以下の 4 点に整理したい。

①強国（「中心」）と弱国（「周辺」）が存在する。なお，前者は覇権国でなくとも，軍事力，生産力，金融力，技術力の面で世界有数の国である。

②強国は軍事力の行使を含めた強圧的な外交政策を展開し，自身の影響力を可能な限り拡大しようとする帝国主義的意図を有している。

③強国は弱国の貿易，ビジネス，金融，そして公的部門において，独占的な地位を占めている。

④弱国には強国が設定する「ゲームのルール」を基本的に守る「コラボレー

ター」が存在する。

⑤強国は「コラボレーション」の機能不全を，軍事力の行使，あるいは軍事・外交的威圧によって一時的に補うことが可能な状態にある[8]。

　さて，これまでの議論から導き出した「非公式帝国」の定義は以下のようになる。「非公式帝国」とは，イギリスが現地における「コラボレーター」を介して確保した，国内とほぼ同じ条件で経済的活動を行うことが可能な，「公式帝国」外にある領域のことである[9]。この領域においては，「中心国」の個人や法人は財産権を保障され，ビジネスを展開する上で不当な扱いを受けない。また，「非公式帝国」下にある国の政府は，「中心国」が理想とする財政・金融制度（基本的に緊縮的・引締型のもの）を維持しており，借入れに伴う利子・配当支払いを着実に行う条件が概ね整っている。すなわち，政治・外交的な支配・被支配の関係はなくとも，「中心国」内と同じような条件・環境で経済的活動を行うことが可能な状態にある。

　以上，「非公式帝国」論の有効性，および「非公式帝国」の定義について論じてきたが，最後に「コラボレーション」について付言しておきたい。

　すでにみてきたように，「非公式帝国」とは，先進資本主義国であった列強がその国境線を超えて経済的に侵入（penetration）した領域であり，その安定と拡大は，「中心国」の軍事展開能力を経済的側面から補強する効果を持つ。だが一方で，「非公式帝国」が拡大するにつれ，「中心国」の帝国主義的な側面は後景に退き，国際公共財の提供者としての側面が前面に出てくることになる。その結果，「中心国」が軍事力を行使する必要性は低下していく。すなわち，植民地の獲得や非対称的な軍事同盟の形成による「面の支配」ではなく，地政学上重要な拠点に軍事基地を構築する程度の「点の支配」で済むようになる。逆に，「非公式帝国」が動揺すると，国際紛争や国境内の騒擾・クーデターが多発するようになり，「中心国」の負担は耐え難い程度にまで増大する。その結果，「中心国」の交代，あるいは「中心」の多極化が生じることになろう。

では，「非公式帝国」の安定や拡大の条件とは何であろうか。それは「コラボレーション」の機能に見出すことができる。この機能が衰えると，「公式帝国」への転化，あるいは「非公式帝国」の消滅という事態が生じる。たとえば，軍事占領に帰結した19世紀末葉のエジプトや20世紀初頭の中国などを想起されたい。イスマイール・パシャや袁世凱は，欧米諸国の市場や資本を利用し，近代的国家を建設することを目指したが，「コラボレーター」としての資質や条件を欠いていたため，イギリスは軍事的制圧や「非公式支配」の放棄を余儀なくされた。一方，アルゼンチンにおいては，オリガルキアが第二次大戦期に至るまで「コラボレーション」を機能させ続けた。すなわち，「非公式帝国」の存立には，「中心国」が設定する「ゲームのルール」を基本的に守りつつ，政権を安定的に維持する能力を備えた「コラボレーター」の存在が必要不可欠である。別の言い方をすれば，「コラボレーション」が機能するか否か，これこそが「非公式帝国」の存立を決定するもっとも重要な要因なのである。

注

1　J. Darwin, *The Empire Project: the Rise and Fall of the British World System 1830-1970*, Cambridge University Press, 2009, p.1.

2　Ibid.

3　「商業の共和国」については，Ibid., Chap.3 を参照されたい。

4　J. Osterhammel, "Semi-Colonialism and Informal Empire in Twentieth-Century China: Towards a Framework of Analysis," in W.J. Mommsen and J. Osterhammel eds., *Imperialism and After: Continuities and Discontinuities*, Allen & Unwin, 1986, Chap. 19.

5　オーウェル（G. Orwell）の小説『1984年』（1949年刊）に登場する善人の装いをした独裁者のことである。

6　ギャラハーとロビンソンは「帝国主義とは，拡大しつつある経済領域に新しい地域を統合するのに十分な政治的機能である」としている（J. Gallagher and R. Robinson, "The Imperialism of Free Trade," *Economic History Review*, Vol. 6, No. 1, August, 1953, pp. 5-6）。そうだとすれば，「公式帝国」「非公式帝国」を問わず，経済的浸透が十分に果たされているならば，軍事力の行使や威圧，また外交上のコントロールも必要ではない。これらは「コラボレーション」が十分に機能していない場合に必要となる。

おわりに

7 強国（列強）側が「コラボレーター」に与える権力が過大であれば、後者は自立化の傾向を強め「コラボレーション」の機能は脆弱化するであろう。一方、「コラボレーター」の権力が弱すぎると、彼らが属する現地社会における権力を維持できなくなり、この場合も「コラボレーション」の機能は失われる。かかる矛盾に満ちた「コラボレーター」の位置づけ、あるいは「コラボレーション」の機能については、Robinson, op.cit., pp. 120-124 を参照されたい。また、「中心」が提供する「権力の源」は時代と場所によって異なる。例えば、戦争の危機が感じられる時代と場所においては、安全保障に関わる政治・外交的な保証（安全保障条約の締結等）、軍需品、軍事に関わる技術や知識等が重要となろう。しかし、パックス・ブリタニカの時代においては、相対的に市場と資本が重要であったと思われる。

8 ただし、軍事力の行使、あるいは軍事・外交的威圧が持続すると、「非公式支配」の終焉、すなわち軍事占領（「公式帝国」への転化）、あるいは「非公式帝国」の消滅に帰結することとなる。

9 「非公式帝国主義」とは、そのような領域を形成する意図や実際の行為ということになる。

索　引

【あ】

愛国債 ･････････････････････････････････････ 49
アルゼンチン中央銀行（BCRA）
　･･･････････････ 62, 70, 75, 85, 105, 111, 115

イギリスの金本位制停止 ･･･････････････ 29, 33
イングランド銀行 ･･････ i, 62, 76, 84, 99, 105,
　110, 114, 149, 156, 171
インド ･･･････････････････････････････････････ 6
インド省手形 ･････････････････････････････････ 5
インド統治 ･････････････････････････････････ 5

ウィルソン（W. Wilson）･･･････････････ 148
ウェイリー（S. D. Waley）･････････････ 107
迂回的回収経路 ･････････････････････････ 33
ウリブル（E. Uriburu）･････････････････ 71
ウリブル（J. F. Uriburu）･････････････ 41, 58
ウリブルの法案 ･･････････････････････････ 71

エル・サルバドル中央準備銀行（BCRES）
　･･････････････････････ 165, 167, 170

オスターハンメル ･･･････････････････････ 181
オタワ・イヤー ･･･････････････････････････ 37
オタワ会議 ･･････････････････････････････ 28, 32
オタワ協定 ･････････････････････････････ 34, 39
オリガルキア
　･････････････ 19, 41, 54, 67, 115, 120, 140, 184
オルティス（R. M. Ortíz）･･････ 85, 120, 123
オルティス政権 ･･････････ 123, 130, 132, 135

【か】

カスティーリョ（R. S. Castillo）････ 120, 128
カスティーリョ政権 ････････････････ 128, 130
為替管理 ････････････････ 29, 42, 66, 96, 97
為替管理委員会 ･･･････ 31, 45, 49, 54, 76
為替差益 ･･････････････････････････ 45, 122
為替差益基金 ････････････ 45, 53, 66, 122
為替保証 ･･････････････････････････････ 108
関係的権力 ･･････････ 26, 96, 114, 178

基幹ルート ･･････････････････････････････ 6
基軸通貨 ･･･････････････････････････ 7, 141
ギャラハー ･･････････････････････････ i, 184
急進党 ･･････････････ 20, 41, 58, 123, 140
強制された貿易黒字 ･･････････････････ 4
金為替本位制 ･･････････････ 149, 153, 172
均衡財政 ･･････ 21, 70, 89, 153, 161, 172, 179
銀行資本流動化機関（IMIB）･･････････ 80
緊縮財政 ･････････････････････････････ 90
緊縮政策 ･･･････････････････････････ 15, 177
金の再評価 ･････････････････････････ 78, 81
金別置条項 ･･････････････････････････ 106
金本位制
　･･････ 6, 15, 42, 64, 71, 75, 81, 88, 153, 172

クレディット・アンシュタルト ･･････････ 33
クロスレート ･･･････････････････････････ 30

経済再生計画 ･････････････････････････ 128
ケインズ ･･･････････････････････････････ 99
ケメラー（E. W. Kemmerer）･･････ 153, 164
ケメラー使節団 ･････････････････ 93, 153, 173

ケメラー諸国 ················· 156, 159
現金払い・自国船輸送 ·············· 102
健全通貨 ··················· 21, 90

公開市場操作 ··········· 73, 79, 112
公式帝国 ················· i, 62, 182
構造的権力 ········· 26, 96, 120, 141
国際金本位制 ······················ 6
国際決済銀行 ················ 90, 160
国際公共財 ························ 6
国際通貨 ············· 24, 84, 96, 136
国際通貨基金（IMF） ··········· 171
穀物委員会 ·················· 47, 113
国立銀行 ········ 31, 64, 76, 79, 82, 112
互恵通商協定 ········· 125, 131, 132, 136, 144
互恵通商協定法 ·················· 124
互恵通商政策 ················ 125, 143
コボウルド（C. F. Cobbold） ·········· 107
コラボレーション ··· iv, x, 20, 120, 125, 130, 136, 140, 182, 185
コラボレーター ········· iv, vi, x, 2, 18, 48, 54, 121, 130, 136, 140, 172, 177, 182
コンコルダンシア ······ 41, 79, 123, 140, 177

【さ】

再割引 ············· 65, 71, 76, 82, 157

シティ ·············· i, x, 6, 49, 54, 99, 120
支払協定 ··········· 38, 97, 102, 110, 178
支払協定圏 ······················ 101
収益率保証制度 ··················· 15
修好通商航海協定 ·············· 19, 36
自由貿易 ·············· iv, 28, 57, 124
自由貿易政策 ············ 19, 21, 32, 54
準硬貨 ·························· 98
商業の共和国 ··················· 180
食肉貯蔵庫 ·················· 103, 104

新入植地域 ····················· 11, 24

スターリング・ブロック ····· 62, 84, 149, 171
スターリング圏 ·················· 97
ストレンジ ······················ 26

成熟債権国 ······················ 28
正統な中央銀行 ····· 62, 70, 88, 148, 161, 173
世界恐慌 ························ 29
世界銀行 ············· 137, 138, 140, 171
セントラル・バンキング
　　　　　　 62, 89, 91, 148, 162

ソウル・モデル ···················· 4
ソロンド（M. S. Sorondo） ·········· 123

【た】

第6の自治領 ····················· 19
多角的決済システム
　　　　 2, 18, 21, 23, 28, 120, 177
多角的貿易システム ·········· 3, 23, 33, 177
兌換局 ············· 15, 25, 64, 75, 79, 158

中央銀行創設運動 ·············· 90, 149
中央銀行の独立性 ··········· 70, 77, 172
中立化政策 ······················ 88

デ・ラ・トーレ（L. de la Torre） ·········· 74
帝国特恵体制 ·················· 32, 57
デフォルト ··············· 149, 153, 178

独立社会党 ·················· 41, 58
トランスファー・ルート ·············· 6
トリフィン使節団 ················· 93

【な】

南米の奇跡 ······················ 120

索　引

ニーマイヤー（O. Niemeyer）
　　　………… 62, 71, 79, 90, 107, 159, 172
ニーマイヤーの法案 ………………… 72, 75, 83
ニーマイヤー報告書 ……………………… 67, 70
二国間通商協定 ……………………… 31, 32, 34

ノーマン ……………… 62, 88, 160, 170, 173

【は】

ハーヴェイ（E. M. Harvey）……………… 88
パウエル（F. F. J. Powell）
　　　……… 62, 78, 80, 84, 92, 161, 168
パウエル使節団 ………………… 149, 161, 166
ハバナ会議 …………………………… 131, 144
ハル（C. Hull）…………………… 124, 134
パンパ ……………………………………………… 7

非公式帝国
　　　……… i, 2, 7, 21, 62, 115, 140, 177, 180-185
非公式帝国主義 …………………………… 180, 185
非公式帝国論 ………… iv, viii, 2, 18, 181, 183
ピネド（F. Pinedo）
　　… 40, 48, 59, 73, 81, 86, 123, 128, 140, 144
ピネド計画 …………………………… 128, 143
ピネドの法案 ……………………………… 72
ヒルガート（F. Hilgerdt）……………… 3, 23

封鎖ペソ …………………… 38, 42, 45, 49, 54
封鎖ポンド
　　　……… 96-98, 107, 110, 122, 128, 141, 178
武器貸与法 ………………………………… 98
副次的ルート ……………………………… 6
フスト（A. P. Justo）…………………… 41
不胎化政策 ………………………………… 86
腐敗のトリオ ……………………………… 65
不名誉な 10 年 …………………… 41, 58
ブリティッシュ・ワールド・システム

（BWS）……………………………… 179
ブリュッセル会議 ……………………… 76
プレビッシュ（R. Prebisch）
　　　…… 41, 59, 76, 92, 123, 126, 130, 136, 140

ベアリング危機 ……………………………… i, 15
ベアリング商会 ………………… i, 14, 43, 53
米国輸出入銀行（EXIM）…………… 130
ペロン（J. D. Perón）………… 55, 120, 142
ペロン政権 ……………………… 67, 138, 140

ホーリー・スムート関税 ……… 32, 125, 133
ボッシュ（E. Bosch）…………………… 73
本国費 ……………………………………… 5
香港上海銀行 …………………………… 12

【ま】

マーシャル・プラン ……………………… 137
マーチャント・バンク ………… i, 14, 42
マネー・ドクター …………………… 74, 149
マルチ・モノカルチャー経済 …………… 4
マルティネス（M. H. Martínez）… 169, 175

見えざる所得 ……………… 24, 28, 33, 99

無条件最恵国待遇 ……………………… 133

名誉自治領 ………………………………… 19
メンバーシップ ………………………… 179

モルガン・グレンフェル商会 ………… 53
モルガン商会 …………………………… 151
モンロー ………………………………… 26
モンロー宣言 …………………………… 20

【や】

輸入関税法 ……………………………… 32

189

輸入代替工業化……………………42, 67, 73

【ら】

ランシマン（W. Runciman）……………42
ランチエ国家……………………………177

冷蔵牛肉……………………………9, 36
冷凍牛肉……………………………9, 37
レンド・リース………………………101

ロカ・ランシマン協定
　……28, 36, 40, 54, 104, 117, 121, 126, 140
ロカ借換債……………………38, 49, 54
ロカ協定借款………………………………49
ロスチャイルド商会……………………i, 14
ロビンソン…………………i, iv, x, 142, 184
ロンドン・アンド・リバー・プレート・バンク………………………………………12

【著者紹介】

佐藤　純（さとう　じゅん）
東北学院大学経済学部教授，文学博士（東北大学）

2004 年東北大学大学院文学研究科博士後期課程修了。
日本学術振興会特別研究員（PD），2005 年八戸工業高等専門学校講師，
2007 年同准教授，2009 年〜2010 年ロンドン政治経済学院（LSE）客
員研究員，2017 年東北学院大学経済学部准教授を経て 2018 年より現
職。

〈主な著書〉
『格差社会論（第 3 版）』（共著）同文舘出版，2023 年
『世界貿易のネットワーク（改訂版）』（翻訳）創成社，2023 年
『西洋近代における分権的統合』（共著）東北大学出版会，2013 年

2025 年 2 月 26 日　初版発行　　　　　　　　　　略称：非公式帝国

非公式帝国の盛衰
―英・アルゼンチン関係史―

著　者　　ⓒ　佐　藤　　　純

発行者　　　　中　島　豊　彦

発行所　　同文舘出版株式会社

東京都千代田区神田神保町 1-41　〒101-0051
電話 営業(03)3294-1801　編集(03)3294-1803
振替 00100-8-42935
https://www.dobunkan.co.jp

Printed in Japan 2025　　　　　　　　　　製版・印刷・製本：藤原印刷
　　　　　　　　　　　　　　　　　　　　　　装丁：藤田美咲

ISBN978-4-495-44305-4

JCOPY 〈出版者著作権管理機構委託出版物〉
本書の無断複製は著作権法上での例外を除き禁じられています。複製される
場合は，そのつど事前に，出版者著作権管理機構（電話 03-5244-5088，FAX
03-5244-5089，e-mail: info@jcopy.or.jp）の許諾を得てください。